想い出の国鉄・JRアルバム 第1巻

非電化時代の相模線各駅停車

山田 亮、生田 誠

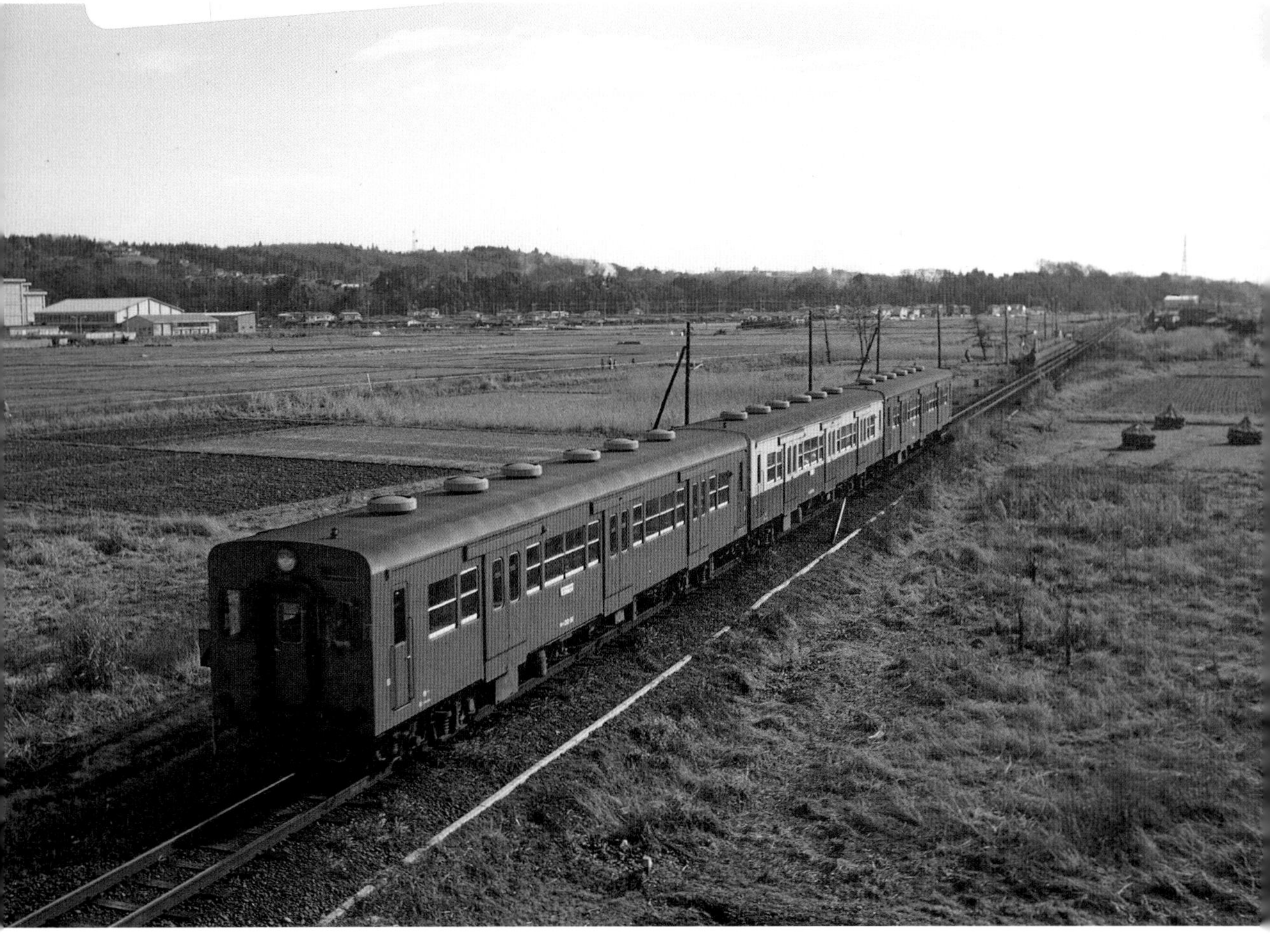

◎相武台下～入谷　1980（昭和55）年12月30日　撮影：森嶋孝司（RGG）

.....Contents

入谷を発車する新塗装のキハ30と首都圏色のキハ35の列車。並行する相模川は意外に車窓からはなかなか見えないが、下溝付近で一瞬大きく蛇行する様子を望むことができる。
◎入谷　1987（昭和62）年３月21日　撮影：松本正敏（RGG）

が電化進められ、東急の中古資材、車両を転用し1942（昭和42）年6月に横浜～西谷間が電化され、1944（昭和19）年９月に全線の電化が完成した。敗戦直前の1945（昭和20）年6月1日、神中線（横浜－海老名、厚木間）の鉄道経営が東京急行電鉄に委託され、同鉄道相模管理部の管理下になり厚木線と称した。その委託経営は戦後の1947（昭和22）５月末に契約解除され、翌6月から戦後の相模鉄道は再出発したといえる。

戦後の相模線

相模鉄道として存続した厚木線は中古車両の寄せ集めだったが全線電化されていた。一方、国有化された国鉄（買収時は運輸通信省）相模線は非電化単線でローカル線のままであった。寒川－西寒川間の支線は旧海軍の相模海軍工廠がなくなったため、終戦時に旅客運行が休止され、正式廃止は1954年10月である。

戦中、戦後の燃料統制で蒸気機関車（C11）が客車を牽引していたが、1951年11月から機械式ディーゼルカー（キハ41300形、キハ41600形、いずれも後のキハ06形）が投入された。時刻表1952年5月号（復刻版）には気動車併用と記載され、朝夕は蒸気機関車牽引の客車列車が運行された。全面ディーゼル化は1958年である。

1956年からキハ17系の両運転台キハ10が投入され、1958年から車体幅の広いキハ20が投入されたが、沿線は開通当時とあまり変わらず、のどかな車窓が広がっていた。駅施設もそのままで腕木式信号機、タブレット閉塞だった。貨物列車はC11形蒸気機関車が牽引したが、1966年3月からDD13形ディーゼル機関車となった。1960年代後半から3ドア、ロングシートの両運転台キハ30が投入され、1980年頃からキハ30、キハ35などキハ35系に統一された。70年代後半からの沿線の宅地化に対応したものである。

厚木～入谷間は駅間距離が長く、相鉄、小田急の海老名駅から至近距離を通過しており、駅設置は地元の強い要望であったが、国鉄民営化直前の1987年3月21日、海老名駅が開業した。

相模線の電化は神奈川県や沿線自治体の長年の要望であったが、1989年3月に着工され1991年3月16日に電化開業し205系500番台が13編成52両投入され、冷房化率は0%から100%になった。最高運転速度も65キロから85キロに向上し、所要時間も平均で10分短縮され、朝夕は八王子まで乗り入れた。同時にタブレット閉塞から自動閉塞（自動信号）化、全線でCTC化が行われた。これで相模線はローカル線から大都市通勤線区となった。

相模線を歌った「天気雨」

荒井由実（ユーミン）の熱心なファンならご存じだろうが、相模線がディーゼルだった1976年に発表された「天気雨」（作詞作曲、荒井由実）の歌詞に「白いハウスを眺め、相模線にゆられてきた、茅ヶ崎までのあいだ、あなただけを思っていた」とある。相模線がでてくる歌はおそらくこれだけではないだろうか。

◎海老名～入谷　1989（平成元）年８月８日　撮影：松本正敏（RGG）

相模線の歴史と今

相模鉄道だったJR相模線

今年、2021年は相模線の最初の区間である茅ヶ崎～寒川間が旧相模鉄道として開通してから100年を迎える。現在の相模鉄道には横浜と海老名を結ぶ本線、いずみ野線、相鉄新横浜線、厚木線(貨物線)があるが、旧相模鉄道は現在のJR相模線である。本稿は旧相模鉄道およびJR相模線について述べるが、密接な関連がある神中鉄道（現・相模鉄道）にも触れることとする。

旧相模鉄道は茅ヶ崎の素封家によって設立され沿線の地主に出資を募り、東海道本線茅ヶ崎と横浜線橋本を結び、相模川の砂利輸送と沿線の利便を目的とした。1921（大正10）年９月28日、旧相模鉄道により茅ヶ崎－寒川間および砂利輸送の貨物線寒川～川寒川間が開通した。1922年５月には寒川－四之宮（買収時に西寒川と改称）間の貨物支線、1926年４月には寒川～倉見間、同年7月には倉見～厚木間が開通している。だが、沿線の人口集積地だった厚木（当時は愛甲郡厚木町）は通らず、相模川対岸の高座郡海老名村に駅を設置し「厚木」とした。厚木まで延びた翌年の1927年４月、小田原急行鉄道(現・小田急電鉄) 新宿～小田原間が一挙に開通し、旧相模鉄道との交差地点に河原口駅が設置された。

厚木～橋本間の建設は小田急の開通による乗客の流出で経営が悪化した影響でやや遅れ、1931（昭和６）年4月29日、橋本まで全通した。途中、物資の集散地で当時の相模原の中心だった上溝（当時の駅名は相模横山）を経由した。同年11月には寒川～川寒川間の貨物線が廃止されたが、1936年には電気式ディーゼルカー、キハ1000形による横浜線八王子への乗り入れも行われた。

神中鉄道の開通

旧相模鉄道と相模線を語る上で神中(じんちゅう)鉄道、現在の相模鉄道（相鉄）の存在は重要である。厚木から相模線と平行して単線の貨物線が延びているが、神中鉄道によって建設された(旧)相模鉄道との連絡線である。

現在の相鉄の前身である神中鉄道は1926（大正15）年5月12日に厚木～二俣川間が開通し、厚木～横浜間の全通は1933（昭和8）年12月27日である。やはり相模川の砂利を京浜工業地帯に輸送することが主目的だった。「神中」の名は神奈川県の中央部にちなんだとされる。相鉄の社史などを読む限り、この両社は資本関係など特に無いようで「兄弟会社」といた関係ではない。

旧相模鉄道と神中鉄道の合併

砂利採掘事業を兼営し経営が比較的順調だった旧相模鉄道に対し、神中鉄道は旅客、貨物とも輸送量が伸びず、横浜延長の資金負担も重荷で経営難になり、1939（昭和14）に東京横浜電鉄の系列下に入った。旧相模鉄道も1941年6月に東京横浜電鉄の系列下に入った。五島慶太（1882～1959）を総帥とする当時の東京横浜電鉄は東京南西部の私鉄の系列化を進め、日米開戦後の1942（昭和17）年5月には小田急、京浜の各社を統合し東京急行電鉄(いわゆる大東急)が発足した。

1943（昭和18）年4月、旧相模鉄道は神中鉄道を合併し、同社の相模線と神中線となった。「大東急」の系列下で一元的経営による効率化が理由だった。これにより旧相模鉄道は本社を横浜に移転し、現在の相模鉄道として存続する形になっている。（注）

（注）神中鉄道を合併した相模鉄道㈱は相模線国有化後もそのまま存続したので、「旧」という表現はおかしいが、合併前の相模鉄道は便宜上「旧相模鉄道」と表現する。なお、2009年9月に相模鉄道㈱は持ち株会社「相鉄ホールディングス」に商号変更され、鉄道部門として分社化された相模鉄道㈱が新たに設立された。

相模鉄道相模線の国有化

翌1944（昭和19）年６月、相模鉄道相模線はいわゆる戦時買収で国有化され相模線となった。これは東海道本線と中央本線の連絡、沿線に軍事施設（厚木飛行場など）や軍需工場が立地することが理由であるが、経営のもう一つの柱だった砂利業(採掘、販売）は買収の対象外で、国有化された相模線沿線でも相模鉄道の事業は継続した。一方、寒川－四之宮間貨物支線は1940年4月から寒川～東河原間に旅客列車が2往復運転され、東河原は昭和産業と改称された(サトウマコト著「JR相模線物語」による)。戦時中に昭和産業の工場は旧海軍の相模海軍工廠になり「毒ガス」が製造された。戦争末期の時刻表1944年5号（復刻版）には1944年6月1日改正時刻として寒川～西寒川（昭和産業はさらに四之宮口に改称され買収時に終点となって西寒川と改称）間に旅客列車が４往復運行されている。相模海軍工廠への工員輸送のためである。

相模鉄道として残った神中線は戦時下である

茅ケ崎 (ちがさき)

【所在地】茅ヶ崎市元町1-1　**【開業】**1898（明治31）年6月15日
【キロ程】0・0キロ（茅ケ崎起点）　**【ホーム】**3面6線
【乗車人員】5万5778人

茅ケ崎といえば、湘南の風が吹く海沿いの街というのが第一印象だろうか。街を横切るように東海道（国道1号）と東海道本線が通っており、その中心となるのがJRの茅ケ崎駅。相模線はこの駅を起点として、北の橋本方面に向かうこととなる。駅付近では、東海道本線は旧東海道のすぐ南側を走っており、茅ケ崎の市街地は、この東海道本線を境に、南北に分かれる形で、南側は湘南海岸地帯となっている。

駅所在地は茅ヶ崎市元町1丁目だが、古い地図を見ると新町という地名が見える。旧東海道ではこの茅ヶ崎には宿場は置かれていなかったが、どちらの地名を見ても茅ヶ崎の中心はこのあたりだったことがわかる。行政上は、明治以降も茅ヶ崎村が続いて、茅ヶ崎町に変わったのは1908（明治41）年である。茅ケ崎駅の開業は、その10年前の1898（明治31）年6月で、駅開業が近代における茅ヶ崎の街の発展を後押しした形となっている。

駅の開業から20年余りが経過した1921（大正10）年9月、相模鉄道（現・相模線）が茅ケ崎〜寒川間の路線を開業する。10年後の1931（昭和6）年4月には、橋本駅まで延伸して全線が開通し

た。この相模鉄道はもともと、相模川の砂利輸送を目的に開通したものだが、八王子・橋本方面からの物資を茅ヶ崎に運び、東海道本線経由で各地に輸送するルートが出来上がったのである。
　現在の茅ケ崎駅の駅舎は、島式3面6線のホームを有する地上駅で、南北自由通路のある橋上駅舎となっている。このうち、3～6番ホームは東海道線用で、北側の1・2番ホームを相模線が使用している。歴史をさかのぼれば、1985（昭和60）年4月に橋上駅舎と駅ビル「茅ヶ崎ルミネ」が誕生。2006（平成18）年3月に「茅ヶ崎ルミネ」が、「茅ヶ崎ラスカ」に変わった。「茅ヶ崎ラスカ」は現在、地下1階、地上6階で増床が行われている。駅の南北にはロータリーが整備され、北側のペデストリアンデッキは駅前にあるビルとの間を結んでいる。国道1号との間には、イトーヨーカドー茅ヶ崎店も存在する。
　茅ヶ崎の名物といえるのが沖合にある岩礁群の姥島で、一般には「烏帽子岩」として有名である。高さが20メートル余りで、昔の貴族や武士が礼服を着る際に被った烏帽子に似ていることからその名が付けられた。江戸時代から海岸における大筒（大砲）の訓練の目標とされ、戦後はアメリカ軍の演習でも目標となったことから、以前とは形状がやや異なるといわれている。現在は、岩礁に渡る釣り人のために茅ヶ崎漁港から渡し船も運航されている。また、茅ヶ崎の海岸は温暖な気候であることから、海岸療養の場所となっており、療養所の代表的なものでは1899（明治32）年に開院した南湖院があった。旧南湖院第一病舎は、国登録有形文化財として保存されている。

地上駅舎時代の茅ヶ崎駅北口の駅前には、発車を待つ路線バスが並んでいる。行先には東海道本線の藤沢駅ともに、相模線方面の寒川神社、本厚木行きの標示も見える。駆け出す人や、傘を差している人が見えるのは、雨でも降ってきたのだろうか。
◎茅ヶ崎　撮影：山田虎雄

茅ヶ崎機関区に待機する貨物列車牽引のC11 170。左にキハ20、右が試運転のキハ58。相模線では金沢八景の東急車輛（現、総合車両製作所）で新製されたディーゼル車の試運転が行われていた。鉄道友の会の撮影会と思われる。
◎茅ヶ崎機関区　1962（昭和37）年３月　撮影：吉村光夫

キハ04形からエンジンを外したキサハ04形（キサハ04 201）、液体式ディーゼル車に挟まれて運行された。左側にC12が見える。◎茅ヶ崎機関区　1960（昭和35）年12月23日　撮影：江本廣一

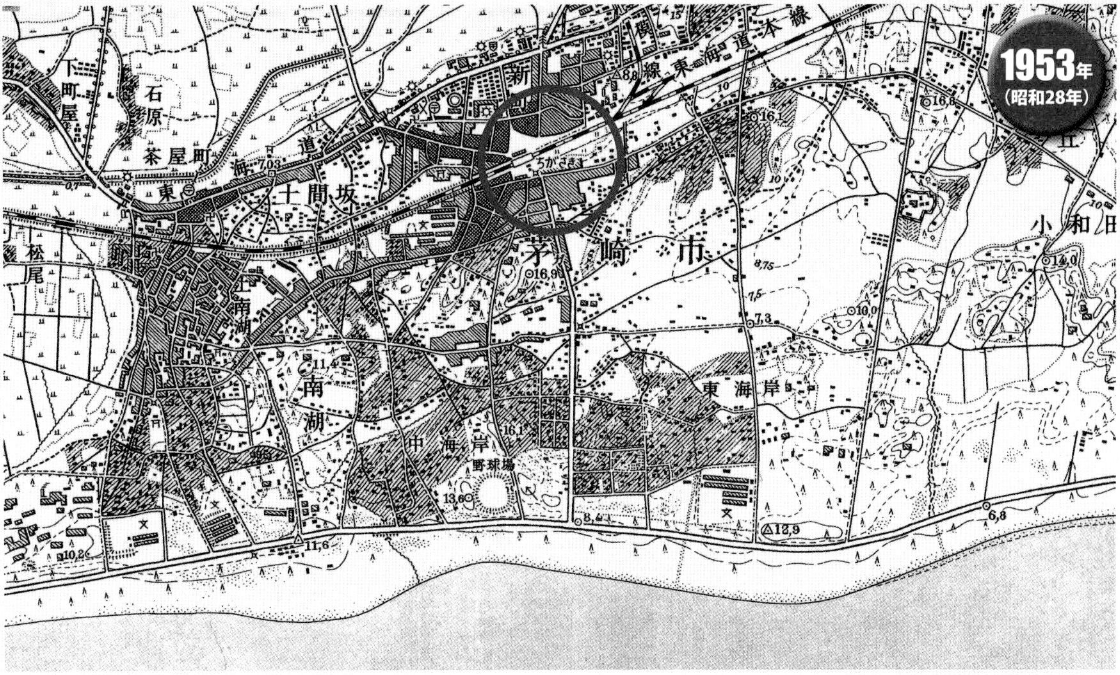

東海道本線、相模線の茅ケ崎駅と、相模湾に面した湘南海岸付近の地図である。東海道本線の北側には、旧東海道（国道１号）が走っており、「新町」「茶屋町」といった街道ゆかりの地名が見える。「中海岸」付近に見える野球場は茅ヶ崎公園野球場で、現在はテニスコートなども整備されている。その西側に見える「南湖」には、明治から大正、昭和初期にかけて結核患者など転地療養に訪れた、東洋一のサナトリウム（結核療養施設）「南湖院」が存在した。

相模線に配置されたキハ17形（キハ17329）。1956年から相模線にキハ17系（両運転台のキハ10）が配属され、キハ04形、06形を1959年までに置き換えた。片運転台のキハ17も配置され、1958年からキハ20が投入された。右側にＣ11が見える。
◎茅ヶ崎機関区
1960（昭和35）年12月23日
撮影：江本廣一

茅ヶ崎機関区のキハ30、塗装は首都圏色。1960年代末に入りロングシートのキハ35系が投入されたが、相模線は両運転台のキハ30が中心だった。
◎茅ヶ崎機関区
1979（昭和54）年
撮影：大道政之（RGG）

（『市史』２２８７号）、岡崎社長・両伊藤らの重役は、２人の監査役を除いて、開業８日前に辞任するに至った。以後、茅ヶ崎関係者が経営の中枢を握ることはなく、伊藤清左衛門が取締役に返り送いて昭和６（1931）年６月までその地位を占めるにとどまった。

このように難航した末、ようやく10年９月28日、茅ヶ崎・寒川間が開通、翌年５月には寒川・四宮間の貨物線が開通した。当時の車両はいずれも鉄道院（省）から払い下げられたもので、蒸気機関車２両、４輪客車２両、４輪無蓋貨車11両、緩急車３両であった。（『相模鉄道40年史』）。機関車は「明治初年頃ニ造ラレタ老朽機関車」、無蓋貨車は「廃物同様ナ貨車テ使用僅ニ一年余リデ鉄道省カラ使用禁止ヲ命ゼラレ」たという（「相模鉄道株式会社調査報告」）。13（1924）年５月現在、「目下両駅間一日十回の客車を往復せしむるのみなるも相当乗客あり、相模川の砂利運搬には河畔より茅ヶ崎駅まで毎日九十の貨車を動かし」ていた。（『市史』２２８８号）。

さてこの間、相模鉄道は８（1919）年７月に砂利採取販売兼営の認可を受け、９年７月には寒川村一之宮・宮山・神田村田村の入会地点を採取所の本拠と決定している。相模鉄道は、資金不足を打開する意味で砂利採取業を別会社で行わせることを計画し、９年３月には日本砂利株式会社の株式募集を開始したが、まさにこの月に戦後恐慌が勃発したため、実現を見ないで終ったようである。（『市史』２２４７号）。結局開業当初は、重役本竹定吉の経営する相武砂利会社と契約して１日20車分を採取させ1車50銭の山代を徴収することにしたが、出荷はその４割以下で、山代は地元や県庁へ支払う権利代を下回った。そこで12（1923）年４月からは会社直営に切り換えたが、なおしばらくは松木友三郎に１年１万円の山代で採取させていた（「相模鉄道株式会社調査報告」）。

相模鉄道の全通

関東大震災後の帝都復興事業は、砂利採取業に活気を与えた。相模鉄道はこの機会に資本金を180万円に増資し（大正13年）、砂利採取船を購入した。15馬力の石油エンジンでバケットにより砂利をすくいあげて、流しどおしにかけて選別するもので、手掘りと比べてたいへんな威力を発揮した。また砂利採取区域の拡大に努め、その区域は神田村、寒川村倉見、有馬村門沢橋・中野・社家、海老名村中新田、相川村戸田・岡田など20万坪近くに上った（『相鉄50年史』）。また14（1925）年には省線汐留駅に砂利荷揚場が新設されている。その結果、相模鉄道の砂利輸送は急増し、昭和２（1927）年には砂利専用の15トン車100両を購入し、砂利を中心とする貨物輸送量は３年に100万トン台に達した。

一方、路線の延長工事はようやく進展し、大正15（1926）年４月には倉見まで、７月には厚木までが開通し、乗客数は一挙に増えて昭和２年には30万人を数えるようになった。その結果、大正15年下期からは配当を行うようになり、昭和２年には500万円に増資した。しかし、帝都復興事業の一段落と昭和恐慌の影響を受けて、昭和５（1930）年頃から砂利業は不振に陥り、貨物輸送量は８（1933）年にかけて約４分の１に激減してしまった。また不景気を反映して乗客数も減少し、６年には最盛期の２分の１以下に減ってしまった。そのため６年上期からは欠損を続けるようになった。

そこで相模鉄道は昭和８年、砂利業の統制に乗り出した。１月には横浜砂利共販組合の結成に加わり、２月には須賀回漕組合と砂利類売買契約を結び、４月には東京の飯田町に販売店を設け（第23回『事業報告書』東京大学経済学部蔵）、次いで昭和２年以来相模川砂利輸送に進出していた小田急電鉄との対決を図り、同社と密接な関係にあった昭和砂利工業・田淵砂利の株式を買い占めて傘下に収め、「相模川系ニ於ケル砂利業ノ全部ヲ統制」するに至った（『市史』２、289a号）。たまたまこの頃、多摩川筋の砂利乱掘禁止令が出されたことも幸いして、当社の砂利業は回復の兆を示すようになった。

いっぽう、昭和２年には小田原急行の全通によって厚木で連絡がつくようになり、次いで６年４月に茅ヶ崎・橋本間が開通したことによって、乗客数も増加に転じた。また７年６月からはガソリン自動客車の運行を開始し、直営茅ヶ崎海水浴場海の家を開設し、多摩御陵参拝・高尾探勝・江の島や鎌倉回遊などの団体客を募集するなど、乗客の誘致に努めた。その結果、８年下期から経営は黒字に転じ、９年上期からは配当を復活した。次いで10（1935）年末からはディーゼル車の運行を開始し、11年１月には念願の省線八王子駅への乗り入れを実現した。当地域内の駅は、従来

『茅ヶ崎市史』に登場する相模線

相模鉄道の創立

相模鉄道株式会社は、大正4（1915）年茅ヶ崎町長伊藤里之助や鉄道技師らによって発起され、「横浜・山梨県の往復に於て42哩余を短縮し得べき利便あり、又相模川砂利搬出其他の便益を伴ふ可し」との趣旨で「沿線町村の承諾書類の調印」を得て、軽便鉄道としての認可を申請した（『市史』2、281号）。翌5（1916）年6月25日、軽便鉄道条例に基づき、東海道線茅ヶ崎駅と横浜鉄道橋本駅を結ぶ19マイル64チェーン（約32キロメートル）の路線について免状が下付された。なお横浜鉄道株式会社は、明治41（1908）年9月、東神奈川・橋本・八王子間の運転を開始していたが、大正6（1917）年10月国鉄に買収され横浜線となった。

相模鉄道株式会社の大正6年の「発起趣意書・起業目論見書」（『市史』2、282号）によれば、趣意の第一は、交通の便に恵まれぬため「文明ノ落伍者タラントスルノ観」ある相模川流域地域を、東海道線および中央線と結びつける点にあった。人の交通については、大山阿夫利神社には年に47万余名の参詣者があり、平塚・厚木間を往来する者100余万名があり、さらに「近来相模川鮎漁ニ都人士ノ来リ遊ブモノ年ヲ逐フテ其数ヲ増シ」ており、七沢・煤ヶ谷などの温泉もあるとしている。貨物については、「沿線一帯穀類・繭糸・木材・薪炭ノ産出ニ富ミ羊・豚・家禽ノ類亦饒多」としており、とくに厚木町の集散額の極めて多いことが注目される。第二は砂利の採取・運搬・販売であった。「近年各地鉄道・道路等土工盛ンナルニツレ、砂利ノ需要劇増」したのに対して、多摩川砂利は次第に採取が困難化して割高となってきているが、「相模川ハ其数量ニ於テ無尽蔵ナルノミナラズ、採収極メテ容易」なので、有利な事業だとしている。

定款においても、目的を「一般ノ運輸並ニ砂利採収販売」と定めていた。「収支概算書」（相模原市立図書館古文書室蔵）によれば、見積り総収入31万1000円のうち、乗客収入は7万8475円、貨物収入は5万735円であり、砂利収入は18万1000円とされていた。その内訳は、横浜2万2000円（砂利2000立坪）、横須賀3万9000円（3000立坪）、県下各地4万5000円（5000立坪）、鉄道院そのほか茅ヶ崎駅納7万5000円（1万5000立坪）とされていた。

資本金は60万円で、全株式1万2000株のうち発起人37名が2320株を引き受けたが、このうち茅ヶ崎居住者は、伊藤里之助（150株）・伊藤清左衛門（150株）・水沢善治（100株）など12名で、合わせて890株を引き受けていた。折からの大戦好況で、株式募集は順調に進み、新たに岡崎久次郎ら京浜地方の有力者が発起人に加わり、路線も八王子まで延長することになった。

相模鉄道株式会社は、大正6年12月18日に創立された。社長には、日米商店・大日本自動車社長で当時「鉄成金」と呼ばれ、衆議院議員でもあり、当地に大別荘を構えていた岡崎久次郎（明治7～昭和17（1874～1942）年）が就任、その下で伊藤里之助が専務、伊藤清左衛門が小山友直とともに常務に就任し、鉄道建設の中心を担うことになった。9（1920）年5月現在の株式分布を見ると（『市史』2、286号）、株主1377名、1万2000株のうち、茅ヶ崎町が67名で全株の15%にあたる1857株（小出村は7名、95株）を所有していた。そのほかで株数の多いのは、寒川村1223株、東京市2310株、横浜市1246株であった。

茅ヶ崎・寒川間の開通と砂利採取業

開業は当初大正7（1918）年と予定されていたが、実際には大幅に遅れ、ようやく10（1921）年9月、茅ヶ崎・寒川間の営業を開始している。その理由は、第一に土地買収が予定通りに進まなかったことにある。大戦景気にともなう地価上昇に加えて、鉄道敷設が灌漑水利を乱す恐れから、土地売却を渋る動きがあった。例えば6年秋には、「排水上寒川村小動及び御所見村宮原は水田に大影響ありとて」村会議員などが売却反対を唱えていた。（『市史』2285号）。第二に、大戦景気にともなって資材が高騰して予算不足になったことである。にもかかわらず、社長の斡旋で日本鋼管から10マイル分もの大量の古レールを18万9000円で購入するという不合理な動きがあった。（大正12年12月「相模鉄道株式会社調査報告」萩園・和田久徳氏蔵）。第三に、9年の戦後恐慌によって金融が逼迫し、株式払込みの徴収が困難になったことである。同年5月現在、払込株金は半額の30万円にとどまっていた。これに加えて一関係者による2万余円の私消事件が起って、資金不足は深刻になった。

10年6月には、常務伊藤清左衛門は専務伊藤里之助に宛てた書簡のなかで、開通までに約5万円、開通後に約10万円がどうしても必要だと訴えているが

相模線の年表

1898(明治31)年6月15日	東海道線に茅ヶ崎駅が開業する。
1916(大正5)年6月26日	相模鉄道の発起人に対して、茅ヶ崎～寒川～倉見～厚木、厚木～橋本、寒川～四之宮間の軽便鉄道敷設の免許が交付。
1921(大正10)年9月28日	相模鉄道が茅ヶ崎～寒川間、寒川～川寒川間を開業。香川駅が開業する。
1922(大正11)年5月10日	寒川～四之宮(後の西寒川)間の貨物支線が開業する。
1923(大正12)年9月1日	関東大震災が発生し、全線復旧まで約1か月を要する。
1926(大正15)年4月1日	相模鉄道の寒川～倉見間が延伸開業する。
1926(大正15)年5月12日	神中鉄道(現・相模鉄道本線)が厚木～二俣川間を開業させる。
1926(大正15)年7月15日	相模鉄道の倉見～厚木間が延伸開業。社家駅が開業する。
1927(昭和2)年4月1日	小田原急行鉄道(現・小田急電鉄)の新宿～小田原間が開業する。
1929(昭和4)年7月30日	相模鉄道の厚木～橋本間が着工する。
1931(昭和6)年4月29日	厚木～橋本間が延伸開業。上今泉(後に廃止)、座間新戸(現・相武台下)、下溝、原当麻、上溝(初代、現・番田)、相模横山(現・上溝)、作ノ口(後に廃止)の各駅が開業。
1931(昭和6)年7月1日	宮山、門沢橋、本座間(後に廃止)の各駅が開業する。
1931(昭和6)年11月1日	寒川～川寒川間の貨物支線が廃止される。
1932(昭和7)年6月1日	ガソリンカーが運転開始。これに伴い、円蔵(後に廃止)、上磯部(後に廃止)の両駅が開業する。
1932(昭和7)年11月1日	中新田(後に廃止)、大河原(現・南橋本)の両駅が開業する。
1935(昭和10)年6月23日	入谷駅が開業する。
1936(昭和11)年1月15日	相模鉄道のガソリンカーが横浜線の八王子まで直通運転を開始する。
1937(昭和12)年12月	相模原の陸軍士官学校の卒業式に昭和天皇が臨席。学校の所在地を「相武台」と命名。
1940(昭和15)年2月1日	日東(現・北茅ケ崎)駅が開業する。
1940(昭和15)年4月20日	昭和産業(後に四之宮口を経て廃止)駅が開業する。
1941(昭和16)年3月3日	香川台駅(後に廃止)が開業する。
1943(昭和18)年4月1日	相模鉄道が神中鉄道を合併。路線名はそれぞれ相模線、神中線となる。
1944(昭和19)年1月21日	相模鉄道相模線の国有化契約が締結される。
1944(昭和19)年6月1日	相模鉄道相模線が国有化されて相模線となる。
1954(昭和29)年10月1日	寒川～西寒川間の旅客営業が廃止される。
1960(昭和35)年11月15日	寒川～西寒川間の旅客営業が復活する。
1964(昭和39)年3月	相模川、多摩川など関東南部の川での砂利採掘が禁止となる。
1966(昭和41)年3月	相模線から蒸気機関車が引退する。
1984(昭和59)年4月1日	寒川～西寒川間が廃止される。
1987(昭和62)年3月21日	海老名駅が開業。小田急電鉄、相模鉄道(旧・神中線)と接続する。
1987(昭和62)年4月1日	国鉄分割民営化。相模線はＪＲ東日本が承継する。
1991(平成3)年3月16日	全線電化開業。八王子までの直通運転が復活する。
1996(平成8)年12月1日	相模線用の車両が、豊田電車区(現・豊田車両センター)から国府津電車区(現・国府津車両センター)に転属となる。
1998(平成10)年9月28日	茅ケ崎～厚木間の貨物列車がこの日で運転を終了する。
2015(平成27)年3月14日	ダイヤ改正により、朝夕の横浜線直通列車が10往復から6往復に減便となる。

は茅ヶ崎と香川だけであったが、乗客の増加にともなって、7（1932）年には円蔵（現在なし）、13（1938）年には日東（現在の北茅ヶ崎）、16（1941）年には香川台（現在なし）が新設されている。

神中鉄道の合併と国有化

昭和12（1937）年日中戦争がはじまった頃から、相模鉄道沿線も軍事色を強めはじめた。同年末からは座間新戸駅付近に陸軍士官学校の移転が開始され、また淵野辺付近には兵器支線と歩兵連隊の移転が行われ、また四宮支線には昭和産業の工場建設が開始された（『市史』2289c号）。13（1938）年上期には「沿線ハ近時非常ナル発展ノ道程ヲ辿リ多数ノ軍事施設及大工場等ノ新設セラレ客貨車共ニ運賃著増ノ傾向ニ在リ」（第33回『事業報告書』）と報告されている。その結果、輸送量の増加はとくに乗客について著しく、客車収入は15（1940）年には貨物収入の３分の１を、17（1942）年には半分を上回るようになった。

貨物の増加と貨車の供給不足とで貨車は不足がちとなり、17年には、砂利類の輸送のため、鉄道省の貨車と同じように、無蓋貨車への標記トン数以上の増積を認めてほしいと申請している（『市史』２363号）。なお前年の16年４月からは、陸軍士官学校生徒が相模鉄道の設備を利用して、「鉄道諸設備ニ対スル演習、例ヘバ停車場ノ占領、橋梁ノ破壊、列車ニ対スル攻撃等ヲ実施スルコトヲ得」るようになった。（「相模鉄道使用ニ関スル契約書」鉄道省文書、交通博物館蔵）。

10年末からは乗合自動車営業を開始したが、その後、傍系の相鉄運輸・相鉄通運によって小運送業にも進出し、15年末には茅ヶ崎合同運送を相模通運に合併した（第38回『事業報告』）。

この間、株式買収によって相模鉄道は東横電鉄の傘下に収められ、16年６月には五島慶太が社長に就任した。これより先、横浜と厚木を結ぶ神中鉄道株式会社も東横傘下に組み入れられていたが、18（1943）年４月相模鉄道は神中鉄道を合併して資本金650万円となり、従来の路線は相模線（または茅ヶ崎線）と呼ばれるようになり、合併の結果客車収入が急増して貨物収入を大幅に上回るに至った。

戦争の激化にともなって空襲が繰り返されるようになってくると、政府は、京浜地帯を大きく迂回して八高線・中央線と結ぶ運輸経路を確保する方針を立てた。その一環として相模鉄道相模線は、19（1944）年６月、買収によって国有化された。そのとき路線とともに買収された車両は、機関車８両、客車５両、有蓋貨車13両、無蓋貨車141両であった。（『相模鉄道40年史』、『相鉄50年史』）。この頃になると、石油事情の悪化にともなってふたたび蒸気機関車が用いられるようになっていた。

十六年二月十一日訂補　茅ヶ崎・橋本・八王子間　㊇　（相模鐵道線）　各驛連絡（ガソリン車併用）

驛名…茅ヶ崎省、日東、圓藏、香川臺、香川、寒川、宮山、倉見、門澤橋、社家、中新田、厚木、上今泉、入谷、本座間、相武臺下、上磯部、下溝、原當麻、上溝、本上溝、作ノ口、相模町、橋本省、相原省、八王子省　昭和産業（支線）

粁程	運賃	驛名	101	353	151	205	355	403	105	331	357	305	107	361	109	507	363	161	365	111	309	113	311
0.0	錢	茅ヶ崎省發	4 50	5 37	6 35	6 45	7 44	7 55	8 50	9 22	10 09	11 09	0 40	2 00	2 52	3 30	4 00	5 00	5 29	6 14	7 03	8 08	9 25
5.0	11	寒川〃	5 02	5 47	6 50	6 58	7 54	8 11	9 03	9 37	10 21	11 21	0 53	2 11	3 05	3 44	4 10	5 15	5 40	6 27	7 14	8 20	9 38
14.6	33	厚木〃	5 28	6 07	昭	7 28	8 13		9 25	昭	10 42	11 42	1 18	2 33	3 26		4 29	昭	6 00	6 50	7 35	8 44	9 58
20.6	46	相武臺下〃	5 40	6 18	和	7 43	8 25	…	9 37	和	10 54	11 54	1 31	2 44	3 38	…	4 40	和	6 13		7 47	9 00	
33.3	74	橋本省〃	6 10	6 53	産 6 53	8 12	8 58	…	10 07	産 9 40	11 28	0 25	2 00	3 17	4 07	…	5 13	産 5 18	6 44	…	8 13	9 34	…
35.2	79	相原省〃		6 57	業		9 03	…		業	11 33			3 21		…	5 18	業	6 49	…			…
42.1	89	八王子省著	…	7 04	著	…	9 10	…	…	著	11 41	…	…	3 28	…	…	5 25	著	6 55	…	…	…	…

粁程	運賃	驛名	202	204	102	354	206	332	356	106	358	306	108	110	362	364	112	366	310	312	114	
0.0	錢	八王子省發	…	…	…	7 08	…	昭	9 26	…	11 44	…	…	…	4 15	5 38	…	7 12	…	…	…	此ノ外寒川昭和産業間ニ朝夕小運轉アリ
6.9	15	相原省〃	…	…	…	7 17	…	和	9 35	…	11 53	…	…	…	4 24	5 47	…	7 21	…	…	…	
8.8	15	橋本省〃	…	…	6 20	7 21	8 27	産 9 45	9 40	10 55	11 58	1 33	2 44	4 12	4 42	5 51	…	7 25	8 22	…	9 55	
21.5	43	相武臺下〃	…	6 06	6 48	7 44	8 57	業	10 04	11 23	0 22	1 57	3 13	4 40	5 08	6 13	…	7 48	8 45	…	10 23	
27.7	57	厚木〃	5 38	6 25	7 05	8 00	9 11	發	10 16	11 42	0 35	2 08	3 28	4 53	5 20	6 25	7 07	8 00	9 00	10 00	10 35	
37.1	78	寒川〃	6 03	6 58	7 27	8 19	9 35	9 52	10 35	0 03	0 54	2 29	3 51	5 14	5 41	6 45	7 30	8 20	9 19	10 19		
42.1	89	茅ヶ崎省著	6 16	7 11	7 40	8 30	9 48	10 03	10 46	0 15	1 05	2 40	4 05	5 26	5 52	6 56	7 43	8 31	9 30	10 30	…	

十三年五月十七日訂補　横濱・中新田口（厚木）間　㊇　（神中鐵道線）　（ガソリン車併用）主要連絡驛ノミヲ示ス

粁程	運賃	驛名	1	101	3	103	105	107	109	9	111	此ノ間横濱發上星川行	133	135	41	137	139	141	143
0.0	錢	横濱省發	5 46	6 08	6 35	6 55	7 23	7 54	8 24	9 04	9 24	10 04, 3 04, 3 48, 4 04	5 48	6 24	6 44	7 24	8 24	9 24	10 10
0.5	5	平沼橋〃	5 47	6 09	6 36	6 56	7 24	7 55	8 25	9 05	9 25	二俣川行　4 48	5 49	6 25	6 45	7 25	8 25	9 25	10 11
3.2	8	星川〃	5 56	6 17	6 45	7 04	7 32	8 03	8 33	9 13	9 33	中新田行　10 24 11 24	5 57	6 33	6 54	7 33	8 33	9 33	10 19
4.9	10	上星川〃	6 00	6 21	6 48	7 08	7 36	8 08	8 36	9 16	9 36	0 24, 1 24, 2 24, 3 23	6 01	6 36	6 58	7 36	8 36	9 36	10 22
10.4	26	二俣川〃	6 12	6 36	7 01	7 24	7 48		8 50		9 48	4 24, 5 24, ノモノ運轉	6 13	6 49	7 14	7 50	8 50	9 50	10 35
19.3	43	大和〃	…	6 50	…	7 35	8 01	…	9 02	…	10 01	此ノ外横濱發上星川行	…	7 01	7 31	8 01	9 01	10 01	10 46
26.1	65	厚木〃	…	7 05	…	7 49	8 15	…	9 15	…	10 15	8 10ヨリ 11 02マデ 30	…	7 15	7 47	8 15	9 15	10 15	10 59
26.4	65	中新田口著	…	7 06	…	7 50	8 16	…	9 16	…	10 16	分乃至1時間毎ニ運轉	…	7 16		8 16	9 16	10 16	11 00

粁程	運賃	驛名	4	206	8	102	10	104	106	108	110	此ノ間中新田發横濱行	132	134	136	138	140	142	144
0.0	錢	中新田口發	…	…	…	6 19	…	6 56	7 28	8 05	9 05	9 29, 10 06, 11 06, 0 06	…	6 06	…	7 06	8 06	9 06	10 06
0.3	0	厚木〃	…	5 22	…	6 21	…	6 58	7 30	8 08	9 07	1 06, 2 06, 3 06, 4 06	…	6 08	…	7 08	8 08	9 08	10 08
9.1	23	大和〃	…	5 41	…	6 34	…	7 12	7 45	8 22	9 22	5 06　上星川發横濱行	…	6 21	…	7 22	8 22	9 22	10 22
16.0	39	二俣川〃	…	5 57	6 19	6 47	7 06	7 25	7 57	8 35	9 34	10 08, 11 08, 4 28, 5 09	5 58	6 35	6 58	7 35	8 35	9 35	10 35
21.6	53	上星川〃	5 50	6 13	6 30	6 59	7 18	7 36	8 08	8 47	9 47	5 28 ノモノ運轉	6 09	6 47	7 11	7 47	8 47	9 47	10 45
23.3	57	星川〃	5 55	6 18	6 35	7 03	7 22	7 40	8 11	8 52	9 52	此ノ外上星川發横濱行	6 13	6 52	7 13	7 52	8 52	9 52	10 49
25.9	64	平沼橋〃	6 03	6 28	6 45	7 13	7 31	7 47	8 19	8 59	9 59	5 30ヨリ 10 15マデ 30	6 20	6 59	7 20	7 59	8 59	9 59	10 56
26.4	65	横濱省著	6 05	6 29	5 46	7 14	7 32	7 48	8 20	9 00	10 00	分乃至1時間毎ニ運轉	6 21	7 00	7 21	8 00	9 00	10 00	10 57

相模鉄道と神中鉄道の時刻表

上は1941（昭和16）年２月現在の相模鉄道（現・JR相模線）時刻表。ガソリン車併用とある。駅名一覧の厚木の隣に中新田があり、ここで小田急（河原口駅）に連絡した。寒川から分岐して昭和産業（後の西寒川）まで通勤列車が運転されている。横浜線の八王子まで６往復が乗り入れている。

下は1938（昭和13）年５月現在の神中鉄道（現・相模鉄道）時刻表。当時は非電化でガソリン車併用となっている。厚木の300m先の中新田口が終点で、小田急（河原口駅）に連絡した。横浜～中新田口間はおおむね１時間間隔で、横浜～上星川間に区間運転があった。

北茅ケ崎（きたちがさき）

【所在地】茅ヶ崎市茅ヶ崎3-3-1
【開業】1940（昭和15）年2月1日（日東→北茅ケ崎）
【キロ程】1・3キロ　【ホーム】1面2線　【乗車人員】2870人

　茅ヶ崎駅を出た相模線は東海道本線の北側を東に進み、すぐに左側に進路を変えて北西に向かって、東海道（国道1号）の下をくぐることとなる。次の北茅ヶ崎駅は、相模鉄道時代の1940（昭和15）年2月、「日東」の駅名で開業している。この駅は当初、一部の工場関係者しか利用ができず、1944（昭和19）年6月に相模鉄道が国有化された際に一般駅となり、駅名を「北茅ヶ崎」に改めた。その頃から駅の西側は工場地帯で、現在もすぐ西側に東邦チタニウム工場の用地が広がっている。駅の所在地は茅ヶ崎市茅ヶ崎3丁目で、駅の構造は島式ホーム1面2線の地上駅である。
　駅の北側には、神奈川県立鶴嶺高等学校が存在する。この学校は1975（昭和50）年に開校した比較的新しい学校だが、校名の「鶴嶺」はかつて高座郡にあった鶴嶺村に由来している。鶴嶺村は、1889（明治22）年に今宿村、円蔵村、矢畑村などが合併して成立。1908（明治41）年に茅ヶ崎村、松林村と合併して、茅ヶ崎町の一部となった。なお、鶴嶺高等学校に隣接して存在する茅ヶ崎市立円蔵中学校、円蔵小学校は、円蔵村に由来する校名を名乗っており、このあたりの地名は「円蔵」となっている。戦前、北茅ヶ崎～香川間には円蔵、香川台停留場が存在した。

ローカル線の駅舎らしい風情があった北茅ヶ崎駅の木造駅舎で、このスタイルは現在も変わっていない。ただ、駅の看板は現在、JRマーク入りのものに変わり、鄙びた雰囲気は消えてしまった。古い瓦が乗っていた形の屋根も新しいスタイルになっている。
◎北茅ヶ崎　1971（昭和46）年2月20日　撮影：荻原二郎

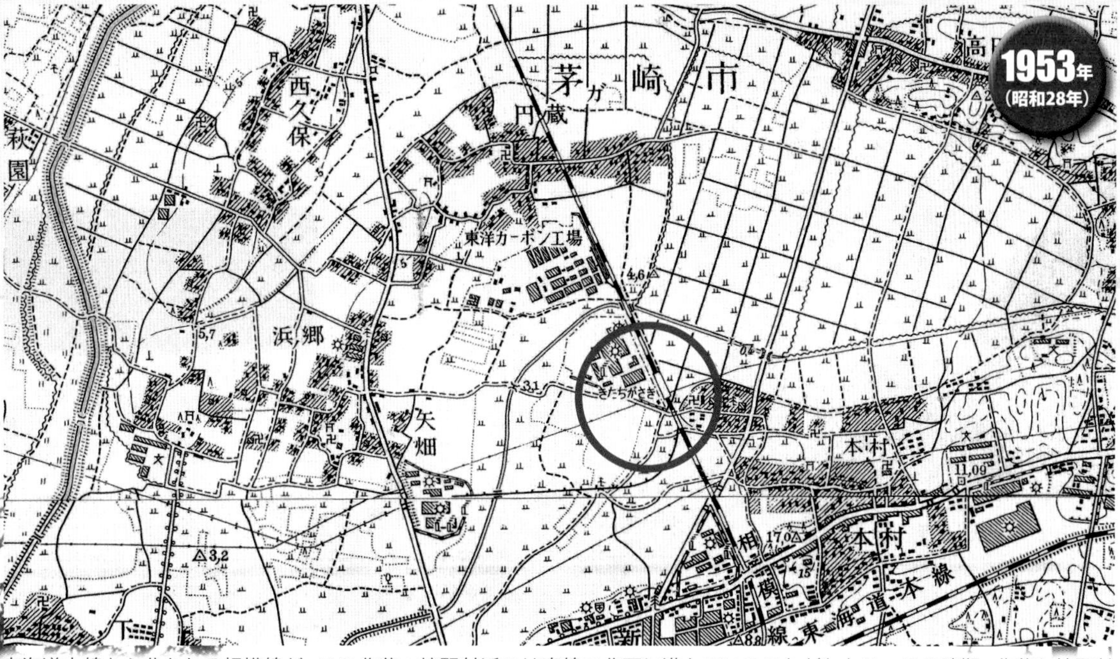

東海道本線から分かれる相模線が、この北茅ヶ崎駅付近では直線で北西に進んでいることがわかる。この時期、北茅ケ崎駅付近には農地（水田）が広がっており、北に東洋カーボン工場が存在した。この南側の工場は、現在の東邦チタニウムの本社、茅ヶ崎工場で、この会社はチタンの素材加工における世界有数のメーカーである。駅の北東、相模線の近い場所には現在、茅ヶ崎市立円蔵小学校と神奈川県立鶴嶺高等学校が存在している。

相模線貨物列車は1966年からDD13形ディーゼル機関車牽引となった。右側奥に見える集合住宅は日本住宅公団（現・都市再生機構）鶴が台団地で1968年入居開始。現在でも「昭和の団地」の姿を保っている。
◎北茅ヶ崎　1971（昭和46）年２月20日　撮影：荻原二郎

北茅ヶ崎を発車する茅ヶ崎行き上り列車。最後部はキハ30で1960～70年代の国鉄気動車標準色。付近には工業団地があり、引込線があった。◎北茅ヶ崎　1971（昭和46）年２月20日　撮影：荻原二郎

香川（かがわ）

【所在地】茅ヶ崎市香川5-1-1
【開業】１９２１（大正10）年9月28日
【キロ程】3・4キロ　【ホーム】1面1線　【乗車人員】５７０９人

茅ヶ崎市内で3番目となる相模線の駅は、香川駅である。この駅は、１９２１（大正10）年9月、相模鉄道の茅ヶ崎～寒川間の開通時に開業している。当時は唯一の途中駅だった。所在地は茅ヶ崎市香川5丁目で、駅の構造は単式ホーム1面1線の地上駅である。この香川の地名の由来は、隣の下寺尾村にあった梅の花の香りが、小出川の流れに乗って漂ってきたこととされている。小出川は香川駅の西側を流れており、河口近くの相模川に合流する。

この小出川の流域には、かつて高座郡小出村が存在した。小出村は１８８９（明治22）年に堤村、下寺尾村、行谷村などが合併して成立。１９５５（昭和30）年に藤沢市と茅ヶ崎市に分かれて編入される形で姿を消した。香川駅の北東にある茅ヶ崎里山公園付近には、茅ヶ崎市立小出小学校、小出郵便局などが置かれている。この付近には、文教大学湘南キャンパスも存在する。文教大学は、１９２７（昭和2）年に創立された立正裁縫女学校がルーツで、１９６６（昭和41）年に埼玉県越谷市に立正女子大学が設立された。１９７６（昭和51）年に文教大学と校名を改称し、１９８５（昭和60）年に湘南キャンパスを設けている。

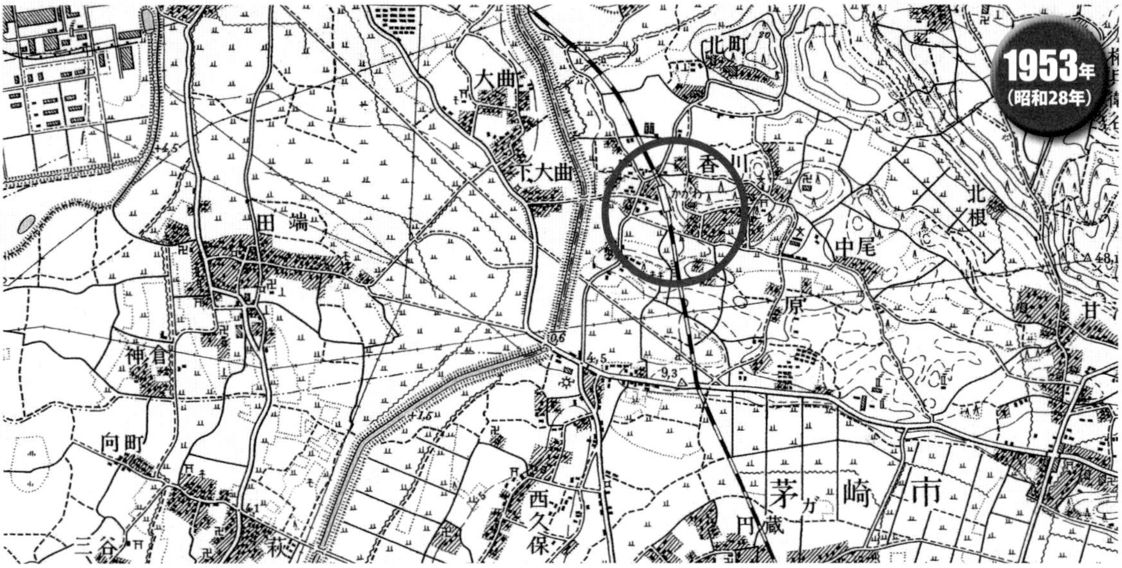

この香川駅の北側に茅ヶ崎市と寒川町の境界があり、香川駅周辺は茅ヶ崎市内になっている。香川駅の東側に見える「文」マークは、現在の茅ヶ崎市立香川小学校で、もとは松林小学校の分校だった。現在はその東の「北根」「権兵衛谷」方面に、スリーハンドレッドクラブ、湘南カントリークラブという２つのゴルフ場が存在する。湘南カントリークラブは1961（昭和36）年、スリーハンドレッドクラブは1962（昭和37）年に開場した歴史の古い名門コースである。

改築された香川駅の駅舎。平らな屋根をもち、駅前に自動販売機を備えた、どこにでもあるような駅舎になっている。
◎香川　1986（昭和61）年４月29日
撮影：松本正敏（RGG）

お隣の北茅ヶ崎駅と似た三角屋根をもっていた香川駅。相模線は単線であり、１面１線のホームはこちらから見えない。電話ボックスの横に布団が干してあるのは、国鉄（駅）の職員が使用するものだろうか。
◎香川　1971（昭和46）年３月20日
撮影：荻原二郎

香川に停車する首都圏色のキハ10。キハ10-キハ35-キハ10の３両編成。キハ10（キハ17系）は車体幅が狭く、車高も低く、キハ35系やキハ20と連結すると凹凸編成になり、その貧弱さが目立った。相模線は1970年代後半までキハ10系が運行されていた。
◎香川　1979（昭和54）年11月３日
撮影：大道政之（RGG）

DD13が牽引する貨物列車。自動車輸送貨車（ク5000形）が入っている。厚木から日産などの自動車輸送を行っていた。相模線もこのあたりに来ると太陽の輝きが違い「湘南の風光」が感じられる。
◎香川〜寒川
1971（昭和46）年３月20日
撮影：荻原二郎

寒川（さむかわ）

【所在地】高座郡寒川町岡田1-55-1　【開業】１９２１（大正10）年9月28日
【キロ程】5・1キロ　【ホーム】1面2線　【乗車人員】６８２２人

相模線は、小出川と茅ヶ崎市・寒川町の境界を越えて、次の寒川町に入る。間もなく到着するのは寒川駅である。寒川といえば、相模国一之宮の寒川神社が有名だが、この神社の最寄り駅は1つ先の宮山駅となっている。現在の高座郡寒川町は、人口約4万８０００人で、東日本で最も人口の多い町である。町の中央に寒川神社が鎮座し、西側に相模川が流れている。この寒川駅は、寒川町の南部に位置している。

寒川駅の開業は、１９２１（大正10）年9月で、このときに相模鉄道の茅ヶ崎〜寒川間が開通している。また、同時に相模川沿いにあった、川寒川駅までの川寒川支線が開通しているが、この支線は相模川の砂利を運ぶための貨物線であり、１９３１（昭和6）年11月に廃止された。寒川駅は当初、本線の終着駅だったものの、１９２６（大正15）年4月に寒川〜倉見間が延伸したことで途中駅となった。また、この間、１９２２（大正11）年5月に四之宮駅に至る貨物支線が開通している。この貨物支線は四之宮支線（寒川支線）と呼ばれ、途中駅だった東河原駅が昭和産業駅、四之宮口駅と名称を変えながら、１９４４（昭和19）年の国有化後は終着駅の西寒川駅となり、旅客営業も行うようになっていた。その後、寒川支線は１９８４（昭和59）年3月に廃止されている。西寒川駅付近には、軍事関係施設の相模海軍工廠が存在した。

さて、現在の寒川駅だが、駅の所在地は寒川町岡田1丁目で、北西に寒川町役場が置かれている。駅の構造は、島式ホーム1面2線を有する地上駅で、橋上駅舎が存在する。北側には駅前ロータリー、バス乗り場が設置されている。駅の南西、相模川と産業道路の間には、日東化工、敷島製パン、新明和工業が集まり、その中央には首都圏中央連絡自動車道が走っている。

３台のタクシー（日の丸自動車）が客待ちをしている寒川駅の駅前風景。木造の地上駅舎の横には、駅間売店（キオスク）が店を構えていた。現在の駅舎には北口、南口ともにエレベーター、エスカレーターが整備されている。
◎寒川　1971（昭和46）年３月20日　撮影：荻原二郎

1985（昭和60）年に橋上駅舎に改築される寒川駅。これは建て替えられる前の地上駅舎時代の姿で、左手には跨線橋（自由通路）が見える。この自由通路（さかえばし）は1982（昭和57）年から使用されていた。◎寒川　撮影：山田虎雄

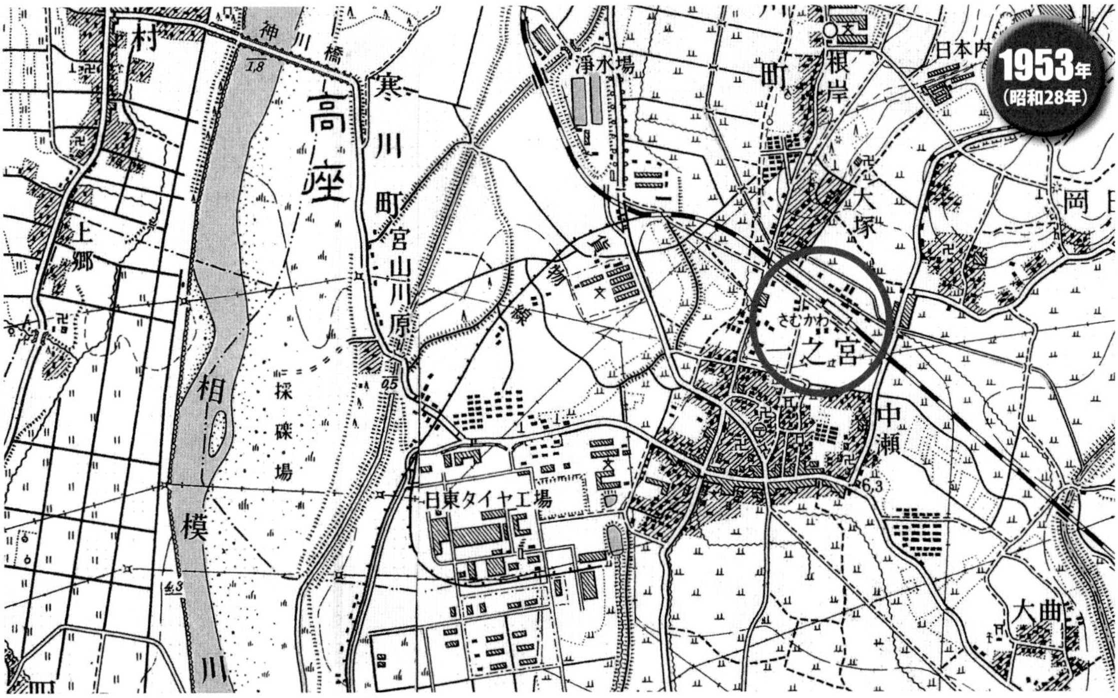

相模川には神川橋が架かり、左岸には採礫場（砂利採取場）が見える。神奈川県道44号伊勢原藤沢線、47号藤沢平塚線が通る神川橋は1953（昭和28）年に架橋され、1992（平成４）年に現在の橋に架け替えられた。相模線の寒川駅からは、本線と分かれる貨物線が大きくカーブする形で延びており、向かった先には日東タイヤ工場、一之宮小学校（文マーク）などがあった。この貨物線は、旅客営業も行われていた寒川支線で、1984（昭和59）年に廃止されるまで西寒川駅が終着駅となっていた。

寒川駅の交換風景、キハ10先頭の茅ヶ崎行きが停車中。ホーム左には客車が留置されている。相模線の貨物側線では品川客車区などの客車が留置されていた。
◎寒川　撮影：山田虎雄

寒川駅の交換風景。キハ17系４両の下り橋本行が停車中。
キハ17系はいわゆる「バス窓」が特徴である。
◎寒川　撮影：山田虎雄

寒川支線があった頃、寒川駅のホームの駅名表示板である。隣駅の宮山駅とともに西寒川駅の標示が見える。置かれている高座郡寒川町は、現在も変わっていない。◎寒川　1984（昭和59）年３月31日　撮影：荻原俊夫

キハ30-キハ10の２両編成。1969年時点では茅ヶ崎機関区（南チサ）担当でキハ30が７両、キハ20が５両、キハ10が11両、キハ16が２両配置されていた。1973年時点では八王子機関区（西ハチ）担当となりキハ30が８両、キハ20が２両、キハ10が13両、キハ16が４両配置されていた。背後の小高い丘には進学校である県立茅ヶ崎北陵高校がある。
◎香川〜寒川
1971（昭和46）年３月20日
撮影：荻原二郎

相模川に近い平坦地を行くキハ10-キハ35の２両編成。後方に寒川駅の腕木式信号機が見える。
◎香川～寒川
1971（昭和46）年３月20日
撮影：荻原二郎

寒川駅跨線橋から見ろした寒川での交換風景。キハ30同士で1980年代に入り、ようやく首都圏らしくなってきた。腕木式信号機がある。ホームには遠足の小学生が並んでいるが、遠足でディーゼル車に乗るのは貴重な経験であろう。
◎寒川
1984（昭和59）年３月31日
撮影：荻原俊夫

さむかわ
寒川
SAMUKAWA
神奈川県高座郡寒川町
かがわ
KAGAWA

西寒川支線最終日の寒川駅。さよならマークをつけたキハ30形が停車中。左側にもさよならマークのキハ30形２両が停車中。
◎寒川　1984（昭和59）年３月31日　撮影：荒川好夫（RGG）

寒川～香川間を行くキハ30-キハ10の２両編成。◎寒川～香川　1979（昭和54）年11月３日　撮影：大道政之（RGG）

寒川に到着するキハ30先頭のキハ35系４両編成。先頭のキハ30は運転台前面が強化されている。
◎寒川　1984(昭和59)年３月31日　撮影：荻原俊夫

西寒川支線最後の日

寒川～西寒川（開通時は四之宮）間は終戦時に旅客運行を休止し1954年10月に廃止されたが、1960年11月15日から旅客営業を再開した。当時の交通新聞（1960年11月12日付）は次のように伝える「東京管理局では15日から相模線西寒川駅の旅客扱いを再開する。同駅は寒川から分岐した支線の駅員無配置駅で昭和20年８月20日から旅客扱いを中止して貨物だけ扱っていたが、付近に大規模工場が進出し従業員輸送のため旅客扱いの要望がかねてから強かった。利用人員が1500人くらいと推定されるので通勤時に朝1往復、夕方2往復茅ヶ崎－寒川間列車を延長することにしたもので、乗車券の発売と回収は車掌が行う」

その西寒川支線も利用者が減少し、1965年頃には1日800人あった利用客も1980年頃には120人を割る状況になり、1984（昭和59）年3月31日限りで廃止された。その時の模様を筆者のメモから再現する。

西寒川へは朝１往復、夕方３往復だが、当日は茅ヶ崎～西寒川間２往復、寒川～西寒川間５往復の臨時が運転され、茅ヶ崎～寒川間の定期列車２往復が西寒川まで延長運転された。13往復の列車（２両または３両、最終列車は４両）が運転される空前絶後の事態で、「さよなら運転記念、84.3.31、寒川～西寒川間」のヘッドマークが取り付けられている。寒川から西寒川まで臨時列車を撮影しながら歩く。終点西寒川には多くの鉄道ファンや地元の人々が集まっている。「TBS954」と書かれたTBSラジオのクルマが来ていて女性アナウンサーがインタビューしていた。「回数券を買って今日１日、全部の列車に乗る高校生がいます」「近所の人もみんなの駅がなくなるので寂しそうです」

ふだんは無人駅だが、今日だけは茅ヶ崎車掌区の人が机を出して茅ヶ崎車掌区乗務員発行の車内補充券を売っていたが、間もなく「売り切れ」に。立川鉄道公安室の公安官や「東京西鉄道管理局」の腕章を巻いた応援職員の姿も見える。知り合いのファンを見つけ挨拶。

16:06着、16;18発の列車はかなり混んでいた。昼は暖かかったが夕方はかなり冷えてくる。寒川まで歩いて戻る。寒川駅では最終1本前の17:47発435Dに寒川町役場の女子職員から乗務員に花束が贈られた。駅前でラーメンを食べて暖を取り、寒川発18:47の最終437D（４両編成）で再び西寒川へ。すっかり日は暮れている。西寒川へは18:51に着いて最終438Dとして19:15に発車する。西寒川駅には地元の人も多く集まり、鉄道友の会神奈川サークルから運転士、車掌に花束贈呈があり、多くの人に見送られ発車。最終列車の乗客は約500名でかなりの混雑。「西寒川線は今日が最後、これが最終列車です」と車内放送があり、録音している人の姿もあった。最終列車は西寒川方からキハ3041－キハ3030－キハ35103－キハ362の４両（西ハチ）で寒川方２両は西寒川ではドア締切だった。

西寒川駅で発車を待つキハ36。ドアを開け放し、冬は寒風が吹きこんだ。◎西寒川　撮影：山田虎雄

お別れ列車を撮影しようとする鉄道ファンが集まっている西寒川駅のホーム。当初は貨物線として開業した寒川支線の貨物駅、東河原駅として開業したこの西寒川駅には、駅舎は置かれておらず、屋根付きの改札口だけが存在していた。
◎西寒川　1984（昭和59）年３月31日　撮影：荻原俊夫

明日からは列車が発着しない最終日の西寒川駅の光景。◎西寒川　1984（昭和59）年３月31日　撮影：荻原俊夫

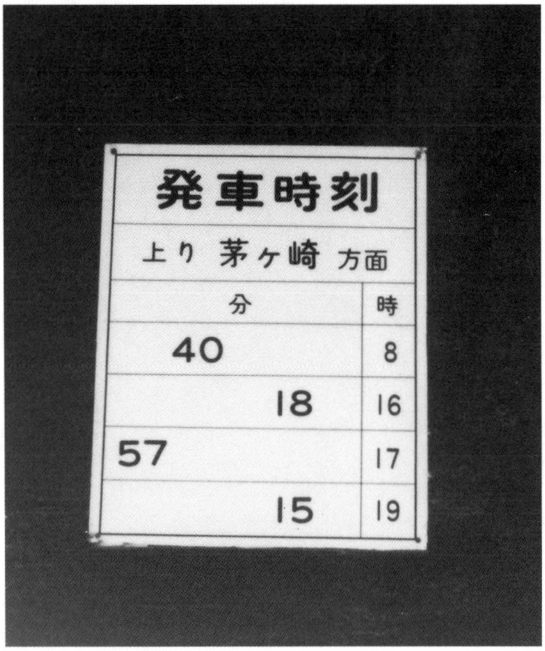

西寒川駅の時刻表、列車は１日わずか４本である。西寒川支線（寒川〜西寒川間）は1954年９月に廃止（手続上）されたが、それ以前から旅客営業はしていなかった。1960年11月に周辺工場への従業員輸送のために復活した。
◎西寒川　撮影：山田虎雄

茅ヶ崎〜西寒川間列車側面の行先表示板（側面サボ）。
◎西寒川　1984（昭和59）年３月31日　撮影：荻原俊夫

寒川支線が廃止されることで、ホームに置かれている駅名表示板には、変更を知らせる大きな紙が貼られていた。
◎西寒川　1984（昭和59）年３月31日
撮影：荻原俊夫

寒川〜西寒川間を行く最終日の列車。◎1984（昭和59）年３月31日　撮影：荻原俊夫

1984（昭和59）年３月31日、最終日の西寒川駅。別れを惜しむ鉄道ファンや地元の人々が集まった。キハ30にはお別れヘッドマークが取付けられている。右側には神奈川中央交通バス西一之宮バス停がある。この付近は工業団地になっている。
◎西寒川　1984（昭和59）年３月31日　撮影：山田 亮

西寒川支線は１日４往復で周囲の工場への通勤輸送が主目的だったが、バスの方が便利で利用者は少なかった。
◎西寒川　1982（昭和57）年1月31日
撮影：森嶋孝司（RGG）

支線の終着駅らしく、片方の行き先部分が空白になっている、西寒川駅の駅名表示板。ススキが茂る秋の風景か。
◎西寒川　1978（昭和53）年12月
撮影：山田 亮

西寒川で折返しを待つ首都圏色のキハ30。
◎西寒川　1982(昭和57)年1月31日
撮影：森嶋孝司(RGG)

西寒川支線の線路跡は緑道となり散歩道になっている。桜の季節にはお花見が楽しめる。途中は一之宮公園になり、線路も残されている。
◎西寒川支線跡地
2021(令和3)年4月
撮影：山田 亮

西寒川支線との分岐点付近を走る205系電車。1991年3月の相模線電化に際し、新車の205系500番台が投入され30年間走り続けている。写真左側に西寒川支線が分岐していた。
◎寒川～宮山　2021(令和3)年4月　撮影：山田亮

月、登記を完了した。

他方、払込資本金は創立時から８年８月末まで額面50円に対して５円にとどまり、９年２月の第３回払込によって、ようやくようやく１株25円払込済となった。そのため当初は資金不足のため用地買収も難航し、第１工区（茅ヶ崎駅～寒川駅）の起工式が香川付近で行われたのは、８年11月21日のことであった。

相模線の変遷

昭和18（1943）年４月、相模鉄道は横浜―厚木間で電車を走らせていた神中鉄道と合併した。新社名は相模鉄道となり、旧相模鉄道の区間は相模線または茅ヶ崎線、旧神中鉄道の部分は神中線または横浜線と呼び慣らわされた。

昭和19年６月、このうち相模線のみが国に買収された。国家総動員法のもと輸送力を効果的に発揮させるため、政府は地方鉄道の買収を進めており、昭和18年だけでも12私鉄541キロメートルが国有化された。相模線は東海道線と中央線を連絡しているため、重工業地帯である京浜地区が空襲にさらされた場合の物資輸送ルートの確保が目的であったといわれている（『相鉄50年史』）。

以来相模線は、昭和23年に日本国有鉄道、昭和62年からは東日本旅客鉄道（ＪＲ東日本）に引き継がれている。

さて、戦後の相模線の運行状況は昭和20年９月の時刻表によれば、上り下りあわせた運行本数は、茅ヶ崎－橋本間12本、茅ヶ崎－厚木間４本、茅ヶ崎－寒川間６本の計22本であり、26年までは同程度かそれを下回る本数であった。しかも燃料等の事情から、ダイヤには組まれていても実際には間引いて運転されることも少なくなく、必ずしも安定した状況とはいえなかった。昭和33年と昭和62年に大きな増発が行われ、電化が実施された平成３（1991）年には131本となった。

相模線電化促進意見書の提出について

相模線は県下の一大動脈にして沿線には各種重要工場及び進駐軍の施設等が散在し、又京浜地区等の通勤者等も多く、現在の輸送状況にては各関係者の不便極めて大なるものがある。依ってこれ等の輸送を一段と強化し関係町（村）民等の利便と福祉を図るため、相模線の電化を促進すべく、沿線の各市町村と運輸省に対し意見書を提出するものとする。

昭和40年には、厚木市、綾瀬町も含めた７つの市町が「相模線電化複線促進期成会」を結成し、沿線自治体が結束して国や国鉄に電化と複線化を働きかけることになり、事務局は寒川町が務めることになった。さらに昭和60年、「相模線活性化促進協議会」が結成され、輸送力増強を働きかけるだけでなく、イベント列車の運行、時刻表の配布など利用促進に向けたさまざまな事業に力を注ぐようになった。

一方、町内各駅の利用状況は残念ながら毎年の数字を得ることはできなかったが、寒川、宮山、倉見各駅とも年をおうごとに少しずつ増加している傾向をみることができる。

西寒川支線の復活と廃止

大正11（1926）年５月、砂利輸送の貨物線として寒川一四之宮間の支線が開通した。同じ年の10月には中間の貨物駅として東河原停車場が開業している。昭和14年、東河原停車場そばに昭和産業一之宮工場が開設されたことにより、これを昭和産業駅と改称し、ここへの通勤客を運ぶようになった。昭和産業が海軍技術研究所に買収された昭和17年12月、四之宮口駅となり、さらに西寒川駅と改称し、昭和20年相模海軍工廠が閉鎖されるまで通勤客を運んでいた。

戦後しばらくは再び貨物専用線として活用されたが、昭和35年11月、旅客輸送が再開された。その背景には工場の進出がある。相模海軍工廠の跡地の大半は昭和護謨に払い下げられ、日東タイヤに引き継がれた。昭和32年にはその西側に旭ファイバーグラスが進出し、これらへの通勤者の足の確保が課題になっていた。寒川町は熱心に国鉄に働きかけ、西寒川駅までひと駅の旅客輸送の復活を実現させたのであった。

再開当初は１日３往復で、いずれも茅ヶ崎からの直通列車であった。昭和30年代後半は利用者が着実に増えていったが、40年代に入ると、バス網の整備、自家用車の普及などから急激に減り続け、昭和59年３月末日をもって廃止されることになった。線路の跡地は昭和61年、一之宮緑道として整備され、線路の一部は緑道内に保存されている。

『寒川町史』に登場する相模線

発起趣意書と起業目論見書

明治31(1898)年6月、東海道線茅ヶ崎駅が開業し、それまで藤沢駅や平塚駅を利用した旅客・貨物に、新しい窓口が開かれた。しかし茅ヶ崎駅と内陸部を結ぶ交通路は、鶴嶺村(茅ヶ崎市)～溝村(相模原市)間の里道や、寒川村一之宮でこれと交差する明治村(藤沢市)～伊勢原町の大山道などに限られていた。そのため茅ヶ崎駅の取扱貨客数の伸びもはかばかしくなく、明治43年度においても旅客は藤沢駅の29パーセント、貨物は平塚駅の23パーセントにすぎなかった。

このような事情のなかで、茅ヶ崎村や周辺の村むらの有志を中心に、茅ヶ崎駅から寒川、有馬、海老名、座間など、高座郡北部へ通じる鉄道を布設して、貨客の流通と産業の発展をはかる気運がしだいに高くなった。そして大正4(1915)年には、茅ヶ崎町伊藤里之助ほかの有志によって「相模鉄道株式会社発起趣意書」が作成され、鉄道院に対して鉄道営業の免許を申請することになったのである。

「相模鉄道株式会社発起趣意書」はその冒頭において、相模川流域一帯の地方は、農業・養蚕の地として早くから知られ、戸口も非常に多く、著名な村むらも数多あるにもかかわらず、交通機関としてはわずかに車馬の力によるほかないため、産業は旧態依然のままで、文明の落伍者の観を呈している。よっていま、茅ヶ崎駅を起点として相模川流域に沿って相模鉄道を計画し、東海道線、横浜鉄道、中央線を連結すれば、茅ヶ崎～八王子間の距離は19.4マイルとなり東神奈川経由の現在の距離より20.5マイルも短縮されることになる。

以上のように述べたあと、大山阿夫利神社や相模川の鮎漁、七沢(厚木市)・煤ヶ谷(清川村)などの温泉、相模川の清流、大山・煤ヶ谷の連山その他の名所・旧蹟も多く、行楽客の数も予想外に期待できるほか、穀類・繭糸・木材・薪炭や羊・豚・家禽類も多く、また相模川には近年需要が激増した砂利も無尽蔵なので、これを採取・販売すれば会社の付帯事業としても有利なことを強調している。

なおこの発起趣意書には、沿道の名所古跡誌のほか、茅ヶ崎(始発駅)および橋本(終着駅)から厚木町を通過する旅客概数調査表(厚木町役場および橋本駅調べ)と沿道各町村1か年間の輸出入貨物概数調査表(関係各町村役場調べ)が添付されていた。それによれば前者の1年間旅客数は156万9100人、1年間貨物数量は15万5555トンにのぼった。

企画された相模鉄道は、明治43年4月公布(8月施工)の軽便鉄道法にもとづいて鉄道を布設し、貨客の一般運輸と砂利の採取販売を目的とするもので、資本金60万円(1株50円)、1万2000株)の株式会社とされた。営業路線は茅ヶ崎駅から横浜鉄道橋本駅までの19マイル64チェイン(1マイル=80チェイン=1609.3メートル)で、軌間3フィート6インチ(1フィート=12インチ=30.48センチメートル)の蒸気鉄道であった。

この目論見書には本線工事費概算書、砂利線工事費概算書と収支概算書および会社定款が添付されていたが、このうち収支概算書によれば、収入の部には乗客収入7万8475円、貨物収入5万735円のほか、砂利売上代金18万1000円、雑収入790円、合計31万1000円が計上されていた。また支出の部には、車輌費、運輸費、砂利運搬費など20万8650円が計上され、差引10万2350円の純益金が見込まれていた。このうち砂利売上代金(見込額)は価額形成のうえで運賃の占める比率がきわめて高かったことを示している。

なお明治43年4月公布の軽便鉄道法は、39年3月公布の鉄道国有法によって幹線鉄道17社が国有化され、残余は短小な地方鉄道のみとなったため、既存の私設鉄道法(33年3月公布)より免許条件を緩和して制定されたものであった。これによって免許制度も従来の仮免許・本免許から本免許1回に改正され、これに基づいて相模鉄道も免許されることになったのである。なお同法は、大正8年4月の地方鉄道法の公布にともなって廃止され、軽便鉄道法にもとづいて免許された鉄道は、すべて地方鉄道法にもとづく鉄道とみなされることになった。

相模鉄道株式会社の創立と開業

大正5年6月26日、相模鉄道株式会社発起人鳥越金之助ほか21名に対して茅ヶ崎～寒川～倉見～厚木間、厚木～橋本間および寒川～四之宮間の鉄道布設が免許された。ついで6年12月18日には、伊藤里之助の自宅で創立総会が開催され、下記のような事項が議決された(相模鉄道株式会社編『相鉄50年史』)。

本店の所在地は免許申請の際の東京市から現地の茅ヶ崎町に移され、その他の事項とともに大正7年1

宮山
（みややま）

【所在地】高座郡寒川町宮山3605　【開業】1931（昭和6）年7月1日
【キロ程】7・2キロ　【ホーム】1面1線　【乗車人員】2210人

相模鉄道時代の相模線は開業以来、寒川駅から先へ延伸を重ねていた。1926（大正15）年4月、寒川〜倉見間が延伸しているが、このときには途中駅は置かれていなかった。その5年後の1931（昭和6）年7月、寒川神社や地元住民の要望により、宮山停留場が開業したのである。1944（昭和19）年6月、相模鉄道が国有化されて相模線となった際に、この宮山停留場が駅に昇格して宮山駅となっている。

宮山駅は、単線区間にある単式ホーム1面1線を有する地上駅で、木造駅舎が残されている。2016（平成28）年2月からは無人駅になっているが、正月の初詣時には、寒川神社の参拝者のために臨時出札窓口が開設されている。駅の西側には相模川の流れがあり、その間には首都圏中央連絡自動車道が南北に走り、駅の北側に北寒川インターチェンジが置かれている。また、駅の南側では、この自動車道に沿う形で寒川浄水場が存在する。また浄水場の南端、相模線の線路と目久尻川を渡った東側には、神奈川県水道記念館がある。この記念館は1984（昭和59）年、神奈川県の県営水道創設50周年を記念して、寒川第一浄水場の古い送水ポンプ場を改装して誕生した。1936（昭和11）年に誕生した寒川浄水場からは、湘南地域に水道水が送られてきたが、開設の理由には葉山御用邸の存在があったとされている。

八方除の守護神として有名な寒川神社は、年間約200万の参拝者を集める、神奈川県でも屈指のパワースポットである。創建年代は不詳だが、第21代の雄略天皇の時代には、朝廷から幣帛の奉勅があり、927（延長5）年にまとめられた延喜式にも相模国唯一の国幣大社として記載されている。新春には神門に迎春ねぶたが飾られ、ライトアップされることもあり、正月の初詣の参拝者は神奈川県内で2番目に多く、著名人が参拝することでも知られる。また、2009（平成21）年に整備された、神嶽山神苑も見どころとなっている。祭神は諸説あるが、一般的には寒川大明神と総称されている。

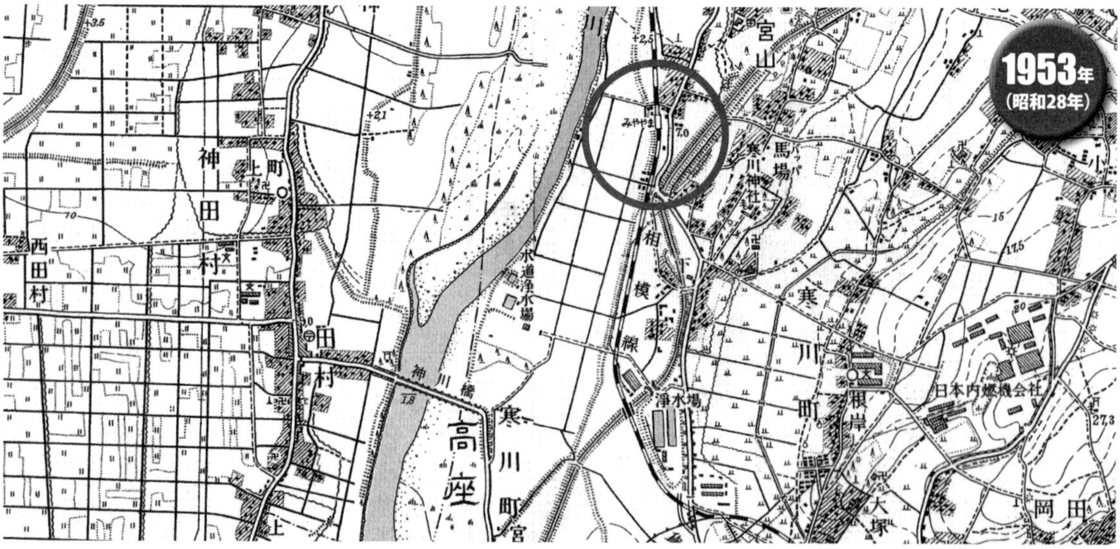

宮山駅は寒川神社の最寄り駅であり、その参詣客のために設けられた駅でもある。この地図では神社ととともに、北側に「宮山」という地名が見える。現在、宮山付近で寒川神社とともに名所、見どころとなっているのが、神奈川県水道記念館である。この記念館は1984（昭和59）年に県営水道50周年を記念して、寒川浄水場の旧水道ポンプ場をリニューアルして開館している。地図上では、2つの浄水場が見えるが、相模線の東側の浄水場に設けられている。

フード付きのコートを着た子供の姿から正月のものと思われる、宮山駅の駅前風景である。大勢の人が歩く右側の米店の前には、綿菓子を売る露店のようなものが見える。宮山駅は寒川神社の門前駅であり、初詣の時期には参拝客で大いに賑わいを見せる。◎宮山　撮影：山田虎雄

現在よりも小さな姿だった、宮山駅の木造駅舎。外壁には年期の入った木材が使われていた。その後に右側が増築され、外壁も張り替えられて、現在のような駅舎に変わった。2016(平成28)年からは無人駅になっている。
◎宮山　1986(昭和61)年4月29日　撮影：松本正敏(RGG)

【所在地】高座郡寒川町倉見3823　【開業】1926（大正15）年4月1日
【キロ程】8・6キロ　【ホーム】1面2線　【乗車人員】1947人

倉見（くらみ）

開業以来の白亜のコンクリート造りの駅舎が残されている倉見駅。この駅の南側には、東海道新幹線が走っており、将来的には駅付近に新幹線の新駅の設置も構想されているという。駅の所在地は寒川町倉見で、この駅の先から相模線は海老名市に入ることとなる。

倉見駅は1926（大正15）年4月、相模鉄道が寒川〜倉見間が開通した際には、終着駅となっていた。終着駅だった期間は短く、同年7月に厚木駅まで延伸し、途中駅となった。駅の構造は、島式ホーム1面2線のある地上駅で、ホーム間は跨線橋で結ばれている。この駅付近にも、大きな工場が点在しており、駅のすぐ北側にはJX金属の倉見工場が広がっている。この会社（JX金属）は、ENEOSホールディングスの中核企業で、日産コンツェルンの主力会社だった、日鉱金属がルーツとなっている。また、東海道新幹線の線路を越えた東側には、キリンビバレッジの湘南工場が存在する。こちらは日本を代表する清涼飲料水メーカーの主力工場である。

ここで、高座郡について述べておくと、現在は寒川町のみが所属しているが、かつては茅ヶ崎市や海老名市、相模原市、座間市、綾瀬市、大和市などを含む広い面積の郡だった。古くは「たかくらぐん」とも呼ばれ、相模国一之宮の寒川神社や、海老名市にある国分寺跡の存在から相模国の中心となり、国府が置かれていた可能性も指摘されている。1878（明治11）年に行政区画の高座郡が発足し、郡役所が藤沢駅（宿）に置かれた。この「高座」の地名は、「高倉」「高麗」とともに渡来人に関係があるとされている。

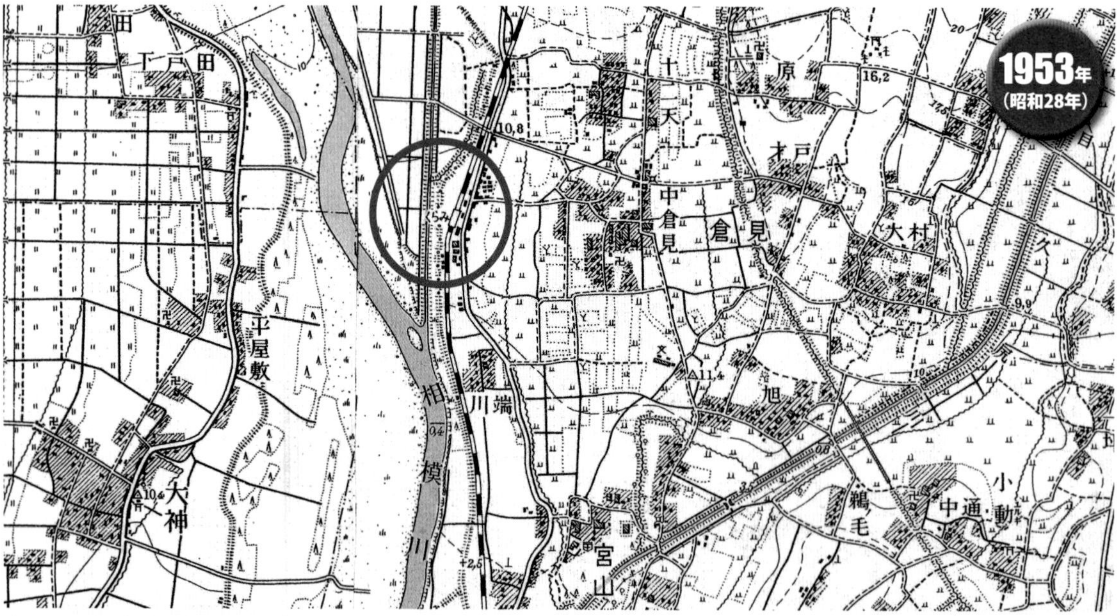

倉見駅が置かれている寒川町倉見周辺の地図で、1889（明治22）年の町村制施行前にはここに倉見村が存在していた。この付近には「十二天」「百石」といった個性的な地名が見えるが、「小動（こゆるぎ）」は倉見村と同様、1889年以前には小動村が存在していた。地図の右上から流れている目久尻川は、相模川水系の一級河川で、寒川神社の御厨（みくりや）付近から流れてくることから、下流で「御厨尻川」と呼ばれたことから転じたという説がある。

独特の外観を有している倉見駅。1926（大正15）年の開業以来、このスタイルは変わっていない。この頃は駅名看板もシンプルだった。駅前にバス停はなかったが、現在は寒川町のコミュニティバスが運行されている。
◎倉見　1986（昭和61）年４月29日　撮影：松本正敏（RGG）

倉見を発車するキハ35系の橋本行き４両編成。この頃は昼間は３両、朝夕４両。1960年代の昼間は１両、朝夕２～３両より増えていた。70年代半ばごろから沿線の宅地化や高校の新設（神奈川県の県立高校100校計画）で利用者は増えていた。
◎倉見　1980（昭和55）年８月16日　撮影：安田就視

倉見での交換風景。右側はキハ17系４両の橋本行。後方で新幹線と交差している。◎倉見　撮影：山田虎雄

キハ30先頭の茅ヶ崎行き。右に鉄筋の駅舎が見える。この駅舎は現存する。◎倉見　撮影：山田虎雄

倉見を発車するキハ10-キハ35 900番代の２両編成。東急車輛（現、総合車両製作所）が製造したオールステンレス車体のキハ35形900番台が千葉地区から転属し相模線で運行されたが、その期間は短かった。
◎倉見　1975（昭和50）年３月　撮影：山田 進

倉見駅に留置される「お役御免」になった20系特急客車。1975年３月のダイヤ改正で余剰になったブルートレインの食堂車が留置されていた。後方は新幹線が走る。◎倉見　1975（昭和50）年３月　撮影：山田 進

キハ10先頭の３両編成。後方に東海道新幹線の相模川鉄橋が見える。倉見には「リニア」開通後に新幹線新駅設置の計画がある。
◎倉見　1979（昭和54）年11月３日　撮影：大道政之（RGG）

門沢橋（かどさわばし）

【所在地】神奈川県海老名市門沢橋2-4-1　【開業】1931（昭和6）年7月1日
【キロ程】10.0キロ　【ホーム】1面1線　【乗車人員】1862人

相模線は、寒川町を出て海老名市に入る。次の門沢橋駅は、海老名市門沢橋2丁目に置かれている。駅のルーツをたどれば、1931（昭和6）年7月に開業した相模鉄道の門沢橋停留場に始まり、1944（昭和19）年6月の国有化に際して、駅に昇格している。駅の構造は、単式ホーム1面1線の地上駅で、現在は無人駅となっている。

「門沢橋」の地名は、永池川が相模川と合流する河口にあることが由来となっている。「門川橋」と呼ばれていたものが「門沢橋」に変わったといわれ、現在は神奈川県道46号の旧道が永池川を渡る橋がこの名で呼ばれている。一方、県道22号が相模川を渡る橋が門沢橋駅の西側に存在し、こちらは「戸沢橋」と呼ばれている。この橋の南側には、戸沢橋スポーツ広場が存在する。この門沢橋駅の西側には首都圏中央連絡自動車道が南北に走っており、駅の北西には海老名南ジャンクションが置かれており、新東名高速道路につながっている。この駅と次の社家駅のほぼ中間には、神奈川県立有馬高等学校が存在する。この学校は1983（昭和58）年に開校した比較的新しい学校である。なお、同名の高校は兵庫県にも存在する。

相模鉄道時代に停留場からスタートし、太平洋戦争中に駅に昇格した門沢橋駅のホーム。この南側には、神奈川県道22号横浜伊勢原線の跨線橋が走っている。1962（昭和37）年に無人駅に変わった後は、近くの商店で乗車券が売られていた。
◎門沢橋　1986（昭和61）年4月29日　撮影：松本正敏（RGG）

県道沿いに走るキハ30、画面右に門沢橋小学校がある。
◎門沢橋～社家　1986（昭和61）年４月29日　撮影：松本正敏（RGG）

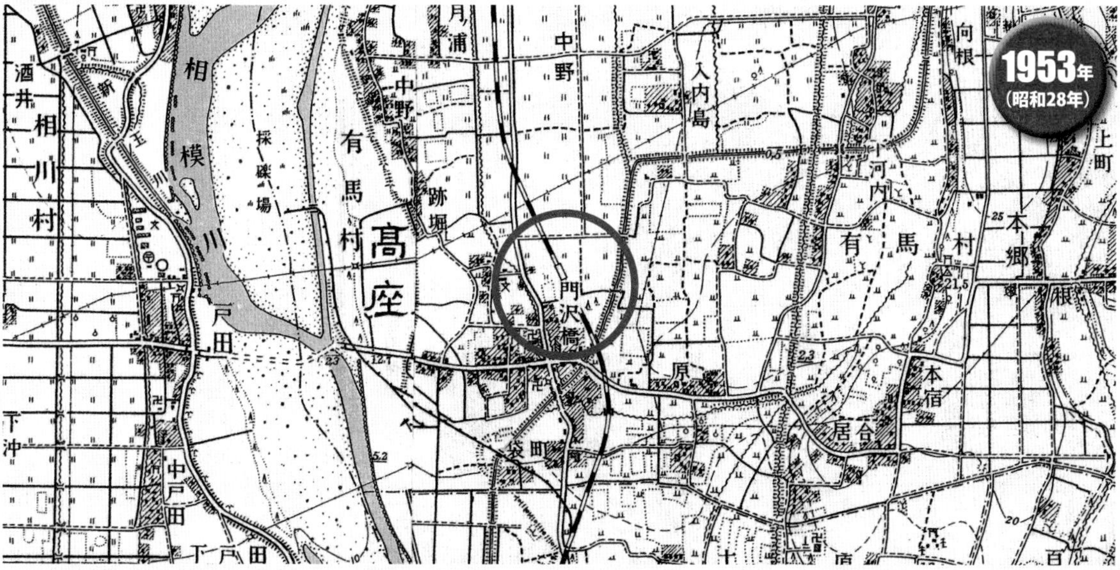

門沢橋駅の西側、現在は戸沢橋が架かる相模川の北側に「採礫場」の文字が見える。この「採礫場」とは砂利採取場のことで、相模鉄道はこの砂利を輸送することが主な収入となっていた。この時期は、相模川を挟んで左岸の有馬村と、右岸の相川村が向き合っていた。現在は海老名市と厚木市に変わっている。門沢橋駅の南西には、２つの「卍」マークが見える。これらの寺院は浄土宗の寺院、長谷川山浄久寺と、高野山真言宗の橋澤山延命院で、付近には門沢橋村の村社、渋谷神社もある。

POLA
文具
POLA
門沢橋駅

門沢橋停車中のキハ20先頭の３両編成。ホーム片側１面で交換不能。県道沿いにある。
◎門沢橋1979（昭和54）年11月７日　撮影：大道政之（RGG）

社家（しゃけ）

【所在地】海老名市社家115　【開業】1926（大正15）年7月15日
【キロ程】11・6キロ　【ホーム】1面2線　【乗車人員】2101人

この社家駅も、倉見駅と同様の印象的な駅舎をもっている。独特のアーチ型の入り口を有するコンクリート造りの駅舎は、社家駅の開業以来、約1世紀にわたって使用されてきた。当時の相模鉄道は、相模川の砂利輸送を主な目的としており、コンクリートを自前で調達することができたのである。駅の構造は、島式ホーム1面2線を有する地上駅で、2016（平成28）年3月から無人駅となっている。

社家駅は、1926（大正15）年7月、相模鉄道の倉見～厚木間の開通時に途中駅として開業している。駅の所在地は、海老名市社家である。「社家」という地名は、全国に存在しており、神職の人々が多く住んでいたことによる。江戸時代から、高座郡に社家村があり、1889（明治22）年に有馬村の大字社家となった。1955（昭和30）年に有馬村が海老名町と合併し、1971（昭和46）年に海老名町が市制を施行したことで、現在は海老名市の一部となっている。

駅の西を流れる相模川には、1998（平成10）年に相模大堰が誕生している。この堰で取水された相模川の水は、綾瀬浄水場、相模原浄水場を経由して、神奈川県、横浜市、川崎市、横須賀市の水道に送られている。また、この駅の北側には東名高速道路が東西に走り、海老名ジャンクションが置かれている。相模川を渡った西側には、厚木インターチェンジが存在する。海老名ジャンクションの北側には、首都圏中央連絡自動車道に沿うような形で、海老名運動公園があり、運動公園野球場や陸上競技場などの施設がある。この付近には、三島社や山王社が鎮座し、明窓寺、法閑寺、常在寺などがあって寺社が多い場所となっている。かつて社家～厚木間には中新田駅が存在した。

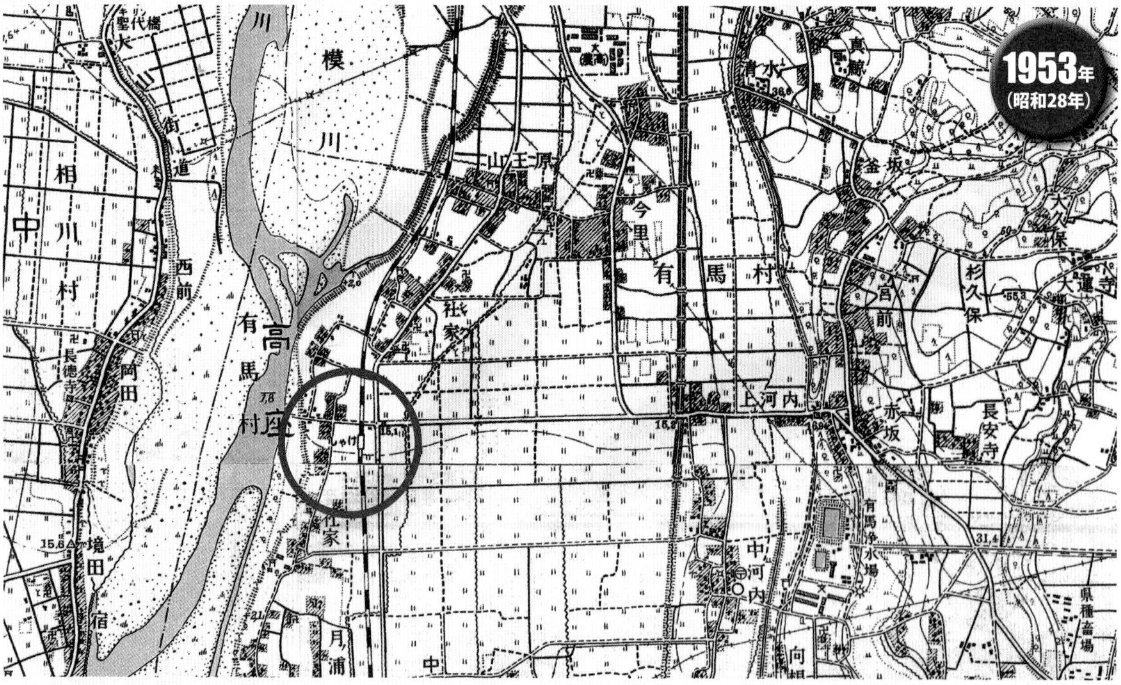

相模鉄道の社家駅は、この当時の高座郡有馬村（現・海老名市）に開業している。相模川の西側に見えるのは中郡愛川村で、現在は厚木市になっている。東側に広がる有馬村には、有馬浄水場が置かれている。この有馬浄水場は、戦前に旧海軍の浄水場として開設されたもので、相模川から取水している。戦後は横須賀市の浄水場となって、約29キロ離れた同市へ送水してきた。この東側には、神奈川県の種畜産場があった。現在は社家駅のすぐ北に、東名高速道路の海老名ジャンクションが誕生している。

遠くから見ると、大学の研究棟のように見える社家駅のコンクリート駅舎。1926（大正15）年の開業以来、この駅を利用する人の目には随分、モダンな建築物に写っていたことだろう。◎社家　1965（昭和40）年８月20日　撮影：荻原俊夫

駅前には花が植えられて、多数の自転車が置かれている社家駅の駅前風景。既に駅の反対側には多くの民家が建てられている。現在はこの駅前も舗装、整備されて、付近にはマンション、コンビニなども誕生している。
◎社家　1980（昭和55）年８月16日　撮影：安田就視

社家に到着したキハ20-キハ10の橋本行き。相模川に近く駅周辺は荒涼とした景色であるが、現在は相模川に沿って圏央道の高架が続き、社家駅の北側には東名道と接続する海老名ジャンクションがある。
◎社家　1965(昭和40)年８月20日　撮影：荻原俊夫

しやけ
しやけ
社 家
SHAKE
あつぎ
ATSUGI

島式ホームの社家を発車するキハ10単行の茅ヶ崎行き。沿線が宅地化される前は、昼間は1両のひなびたローカル線だった。このあたりの車窓は相模川が真近に見えるが、現在は圏央道が相模川に沿って建設され、万里の長城のごとく立ちはだかっている。◎社家　1965(昭和40)年8月20日　撮影：荻原俊夫

社家での交換風景。手前の国鉄標準色キハ30 100は八王子機関区（西ハチ）所属。この車両は参宮線（三重県）伊勢運輸区（天イセ）からの転属車。キハ35系の特徴である外吊りドアがよくわかる。対向列車にも国鉄標準色キハ30が中間に入っている。
◎社家　1980（昭和55）年８月16日
撮影：安田就視

社家到着の下り橋本行き。先頭は他線区から転入した国鉄標準色のキハ30。1980年３月の草津線、桜井線、和歌山線（高田～五条間）電化でキハ35系が相模線に転入し、残っていたキハ10を置き換えた。
◎社家　1980（昭和55）年８月16日
撮影：安田就視

【所在地】海老名市河原口1-2-17
【開業】１９２６（大正15）年7月15日
【キロ程】14・2キロ　【ホーム】1面1線
【乗車人員】６８６３人

厚木（あつぎ）

社家駅から、次の厚木駅の間は2・6キロの距離があり、このあたりの相模線では駅間が長くなっている。厚木駅には、ＪＲ相模線と小田急小田原線、相模鉄道が乗り入れているが、相模鉄道は貨物線で旅客営業は行っていない。

厚木駅の所在地は海老名市河原口1丁目で、相模鉄道の駅は同4丁目である。このあたりは、西を流れる相模川がほぼ市境になっており、小田急は川を越えた西側に本厚木駅も置いている。本厚木駅のある厚木市は、人口約22万３０００人。全国的には、厚木インターチェンジや厚木基地（海軍飛行場）が有名だが、厚木基地は綾瀬市、大和市にまたがって存在している。なお、海老名市の人口は約13万５０００人である。

厚木駅の歴史をたどると、まず神中鉄道が１９２６（大正15）年5月に厚木～二俣川間で開通して、厚木駅（初代）を開業する。同年7月に相模鉄道が倉見～厚木間を開業し、神中鉄道の厚木駅構内に駅を設けた。このとき、後に合併することとなる神中鉄道と相模鉄道の間では、直通運転が行われるようになった。さらに１９２７（昭和2）年には、小田急線が開通し、河原口（現・厚木）駅が設けられる。このとき乗り換え

が不便だったため、神中鉄道は１９２９（昭和４）年、小田急の河原口駅に隣接する形で乗降場を開設している。１９３１（昭和６）年４月には、相模鉄道が橋本駅まで延伸して、現在の相模線が全通した。その後、１９４１（昭和16）年11月に神中鉄道、小田急が海老名駅を開設し、厚木駅（初代）の旅客営業は廃止される。１９４４（昭和19）年６月、神中鉄道を合併していた相模鉄道の相模線（茅ヶ崎～橋本間）部分が国有化され、厚木駅（二代目、現在）を開業。小田急（この時期は大東急）の河原口駅は、厚木駅に駅名を改称した。

この厚木駅は、ＪＲと小田急の共同使用駅で、ＪＲ駅は単式ホーム１面１線の地上駅である。また、小田急駅は相対式ホーム２面２線を有する高架駅となっている。ＪＲ駅の南側、社家寄りのホームに小田急駅（東側）との乗り換え口があり、連絡橋の下に県道43号藤沢厚木線が通っている。厚木駅の東側には、県立海老名高等学校が存在する。この高校は１９７９（昭和54）年に開校している。また、駅の北西には、相模川を渡る県道40号横浜厚木線が通っており、相模大橋が架かっている。

相模線と小田急小田原線が立体交差する厚木駅は現在、JRと小田急の共同使用駅となっている。これは1963年、小田急線のホームから見た国鉄（現・JR）の駅舎、ホームで、現在と比べてずいぶん小さな駅舎が使用されていた。
◎厚木
1963（昭和38）年11月10日
撮影：荻原二郎

キハ41600形の２両編成。キハ41600（後のキハ06形100番台）は1951年製造のディーゼル車だが歯車式変速機で連結運転の際は各車に運転士が乗務し、汽笛の合図でクラッチを踏み変速レバーを操作した。当時の相模線はキハ41300形（後のキハ04形）とキハ41600形が主力で、朝夕はC11牽引の客車列車が運行された。後方の架線は相模鉄道の貨物線。厚木で貨車の中継を行った。◎厚木　1953（昭和28）年12月　撮影：竹中泰彦

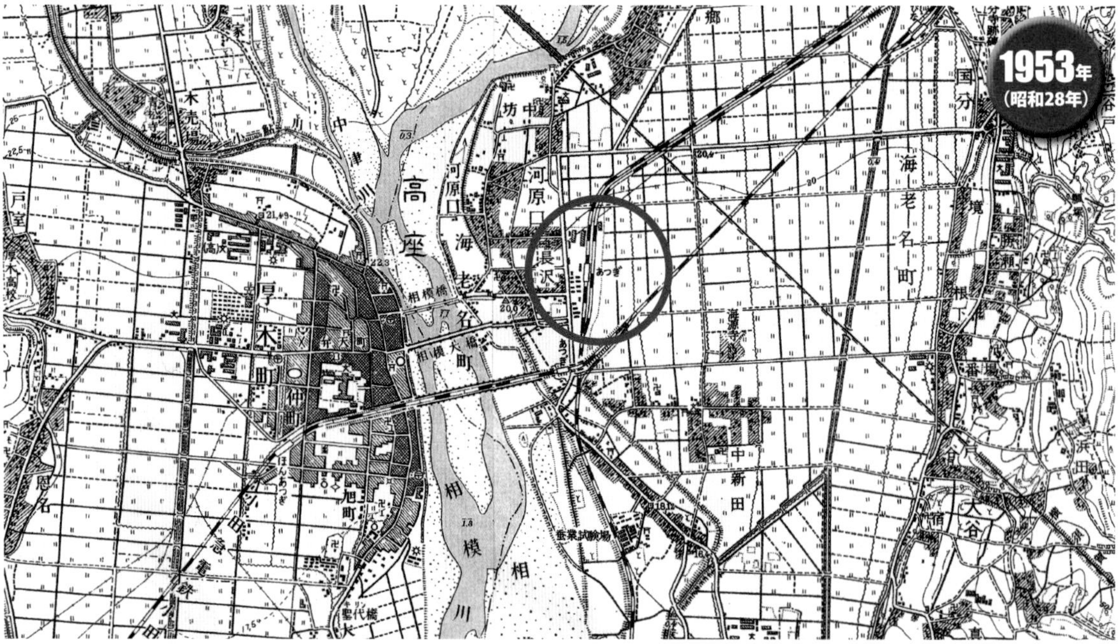

東西に走る小田急線は相模川を渡り、本厚木駅方面に路線を延ばしており、相模線との交差点付近に厚木駅を置いている。一方で、南北に走る相模線に厚木駅は見えるが、その位置は現在よりも北寄りで、両線の乗り換えは不便だった。江戸時代以来、橋が少なかった相模川だが、このあたりには相模橋、相模大橋が架橋されていた。この当時は、東は海老名町、西は厚木町で、東側の厚木駅周辺には人家は少なかった。厚木駅の南側、中新田付近には、蚕業試験場（後の蚕業センター）が見える。

相模線貨物列車を牽引するC11 277（茅ヶ崎機関区）、相模線貨物列車はC11形蒸気機関車が牽引したが1966年からDD13となった。◎厚木　1965（昭和40）年12月　撮影：荒川好夫（RGG）

厚木の構内は広く北側に貨物駅があった。左側の鉄筋の建物は旧相模鉄道が建てた旧厚木駅舎。この付近に旧厚木駅のホームがあり、私鉄時代は旧相模鉄道と神中鉄道が共同使用していた。
◎厚木　1965（昭和40）年11月
撮影：荒川好夫（RGG）

厚木駅は相模線が地上ホーム、小田急線が高架ホームを使用しており、駅業務も小田急に委託されている。この写真では、高架上を走る小田急線の列車の姿があり、駅舎とともに地上との連絡橋が見える。
◎厚木　1986（昭和61）年４月29日　撮影：松本正敏（RGG）

厚木駅で荷扱中のキハ10単行。車内の一部をカーテンで仕切って荷物室にしていた。1929（昭和４）年、神中鉄道は小田急との連絡のため、小田急との交差地点（小田急の駅名は河原口）まで線路を延ばし、中新田口駅を開設した。画面奥に旧厚木駅のホームが残っている。◎厚木　1965（昭和40）年５月　撮影：荒川好夫（RGG）

厚木に到着したDE10牽引の貨物列車。厚木は上り下り共用のホームが一面だけで、入谷方に信号場があり列車交換を行った。
◎厚木　1984（昭和59）年３月31日（上、下とも）　撮影：荻原俊夫

相鉄、小田急の海老名駅北側付近を行く上り茅ヶ崎行き。キハ30-キハ35-キハ30の３両編成で、運転士の横にはタブレットが見える。右側は平行する相鉄貨物線。画面後方の建物（病院）付近に1987年３月に相模線海老名駅が開設された。
◎入谷～厚木　1981（昭和56）年10月　撮影：山田 亮

厚木を発車するキハ30の下り橋本行き。後方の信号場で上下列車の交換が行われた。上り列車が交換待ちをしている。右側に相鉄の貨物線がみえる。◎厚木　1986（昭和61）年５月　撮影：山田 亮

1986年５月３、４日に厚木駅で開かれた相模線ふれあいフェスティバルで新宿から八王子経由で運転された14系客車の臨時列車。相模線内はDE10 557（新鶴見機関区）が牽引した。画面左側の貨物駅付近で車両展示、DE10形機関車運転体験などが行われた。
◎厚木　1986（昭和61）年５月
撮影：山田 亮

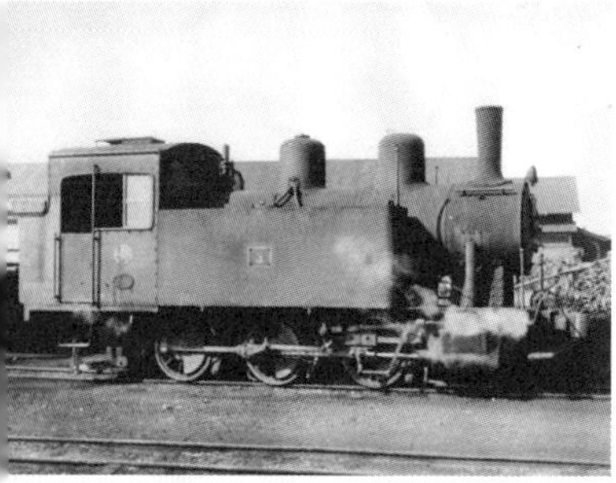

旧相模鉄道１形。1924年に登場したC形タンク機関車で１～４号の４両があった。

旧相模鉄道11号機。1941年に鉄道省から払い下げを受けた1897年製造の870形蒸気機関車。

旧相模鉄道20形。戦時中の1942年、輸送量増加のため鉄道省C12形と同形の機関車を２両投入した。国有化後にC12 274、C12 275となった。

旧相模鉄道キハ100形。1932年製造のガソリンカーでキハ１形と同じ２軸車で２両あった。キハ１形より窓一つ分だけ長い。

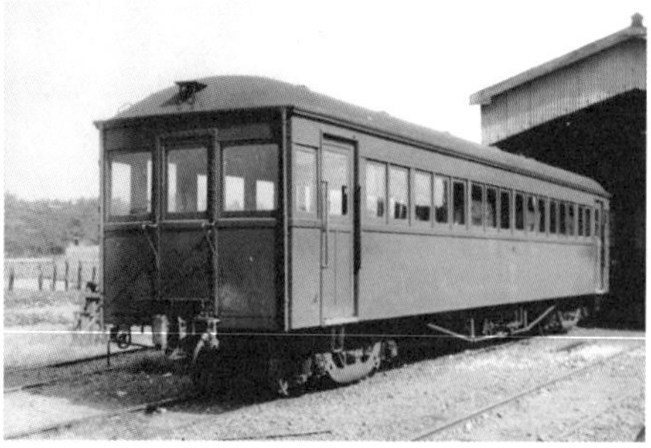

旧相模鉄道ホ１形。1926年登場の電車型客車でロングシートだった。４両製造。

旧相模鉄道オハ10形。戦時中の1943年に１両だけ製造された電車型客車。

中央左に霊峰・大山が大きく描かれている、相模鉄道時代の沿線案内図である。この当時は、茅ヶ崎～寒川間に途中駅（北茅ヶ崎、宮山）は存在していなかった。一方で、寒川駅から四宮（四之宮）、川寒川駅に延びる貨物線（支線）があった。寒川駅と厚木駅との間にも倉見、社家の２駅だけが置かれていた。さらに先の厚木～橋本間には駅の存在はなく、この区間が延伸、開業する1931（昭和６）年より前に作成されたものとわかる。相模川沿い、寒川神社付近には、桜並木が描かれている。（所蔵：生田 誠）

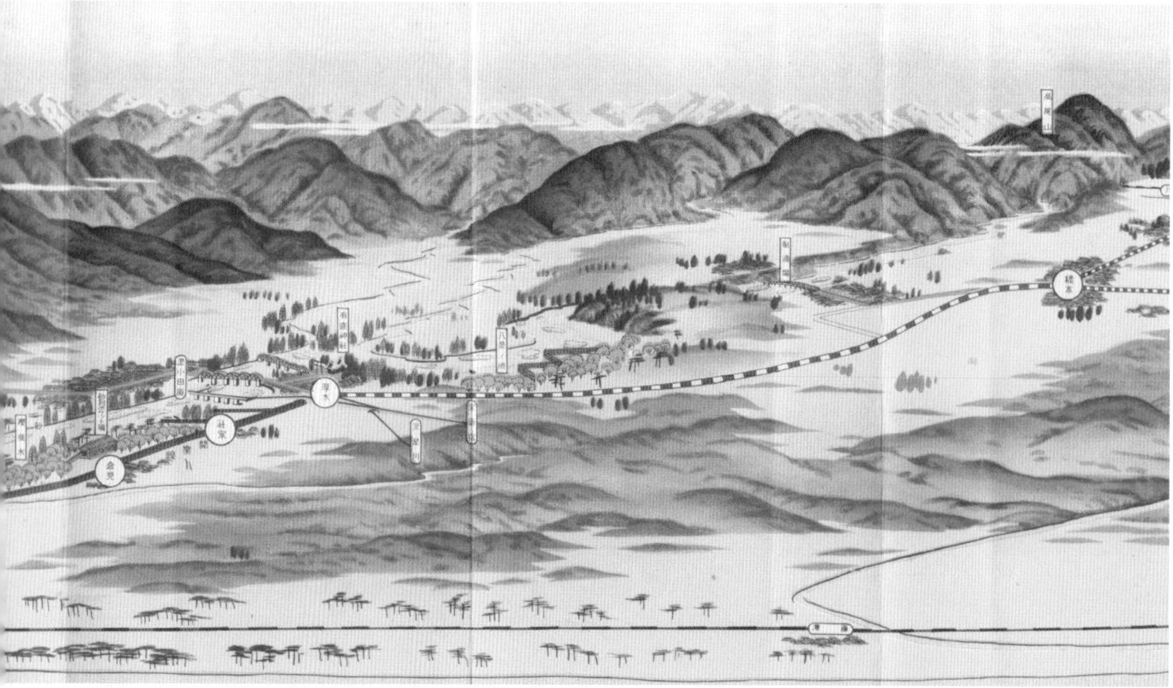

旧相模鉄道の車両

旧相模鉄道は砂利輸送が中心であり、非電化で蒸気機関車が客車、貨車を牽引したが、昭和に入ってからはガソリンカー、ディーゼルカーも運行された。特徴のある車両を取り上げると開通に先立ち、1921（大正10）年に当時の鉄道省から購入したテンダ（石炭車付き）機関車5100形２両が挙げられる。この機関車は1873年英国製のＣ形テンダ機で1874（明治７）年の阪神間（大阪～神戸間）開通に備えて輸入された18号および20号機関車で、1876（明治９）年に２Ｂテンダ機関車に改造された。1877年には京阪間（京都～大阪間）が開通し、京都～大阪～神戸間で運行された由緒ある機関車で、後に5100形に改番され相模鉄道では100形（100、101）になった。100号機は1927年に加悦鉄道（京都府）に譲渡、101号機は1950年に解体業者？に売却され解体された。

次に紹介する車両は日本初の電気式ディーゼルカーであるキハ1000形で前面が傾斜した流線形である。1935年にキハ1000形４両が登場し、1938年には同じ形の付随車サハ1100形１両が登場しMTM編成で運行された。戦時中および敗戦直後に電車に改造され、横浜～二俣川間および東横線で使われ、その後は日立電鉄（茨城）に譲渡された。

社家に停車する日本初の電気式ディーゼルカーであるキハ1000形で1935年に４両製造。前面が傾斜した流線形が特徴。後に電車に改造され戦後は日立電鉄で運行された。
◎社家　1939（昭和14）年11月２日　撮影：荻原二郎

厚木に停車するキハ１形の２号。キハ１形は1932年に登場した２軸のガソリンカーで２両あった。
◎厚木　1939（昭和14）年９月27日　撮影：荻原二郎

海老名（えびな）

【所在地】海老名市扇町16-1　【開業】1987（昭和62）年3月21日
【キロ程】15・9キロ　【ホーム】1面2線　【乗車人員】1万4307人

海老名駅は、JR相模線の駅と小田急小田原線、相模鉄道（相鉄、現在）の駅が並ぶような形で置かれている。JR駅と小田急・相鉄駅の間には少し距離があり、相鉄はかしわ台駅方向からJR海老名駅に至る連絡線を有している。所在地は、JR駅が海老名市扇町で、相鉄・小田急駅が海老名市めぐみ町である。

相模鉄道（相鉄、現在）の前身である神中鉄道は、1926（大正15）5月に二俣川～相模間を開通し、相模国分駅を開業しているが、このときには海老名駅は置かれていなかった。また、JR相模線の前身である相模鉄道（旧）は、1931（昭和6）年4月に橋本駅まで延伸するが、戦後も長く海老名駅を設けることはなかった。一方で、小田急は1927（昭和2）年4月に現在の駅から約1・1キロ離れた地点に海老名国分駅を設けている。その後、神中鉄道は1941（昭和16）年11月に相模国分～海老名間の別ルートを設け、小田急と交差する地点に海老名駅が開業した。また、小田急も1943（昭和18）年4月

国鉄分割民営化直前の1987年3月21日に相模線海老名駅が開業し、小田急、相鉄との乗換えが便利になった。開業日の海老名で交換するキハ30。海老名は交換設備があり、これにより厚木構内での列車交換が廃止された。
◎海老名　1987（昭和62）年3月21日　撮影：松本正敏（RGG）

に海老名駅を開設すると、海老名国分駅は廃止されて、現在のような両社が共同使用する海老名駅となった。ＪＲ相模線の海老名駅が開業するのは、国鉄からＪＲに変わる直前の１９８７（昭和62）年３月である。

小田急・相鉄駅の東口を出ると、イオン海老名、ＴＯＨＯシネマズ海老名や、マルイファミリーなどが入る複合商業施設「ビナウォーク」が集まっており、さらに東側には相模国分寺、伊勢山自然公園が存在する。また、駅の南側には海老名市役所があり、海老名警察署、海老名市消防署などの公共施設が集まっている。一方で、ＪＲ駅の北側にはららぽーと海老名が存在する。また、西側の相模川沿いには県立相模三川公園が広がっている。

「海老名」の地名の由来は不詳だが、エビ（イビ）は「節があって曲がっているもの」を表わし、階段状の地形（段丘崖）の目立つ土地を差すという説がある。また、「大きな海老が生息していた」という説もある。もとは有鹿神社の神領で、平安時代に村上源氏の流れを汲む海老名氏の領地となって「海老名郷」といわれてきた。１８８９（明治22）年に河原口村、中新田村、上郷村、国分村などが合併して、海老名村が成立。１９４０（昭和15）年に海老名町となり、１９５５（昭和30）年に有馬村と合併した後、１９７１（昭和46）年に市制を施行して、海老名市となっている。

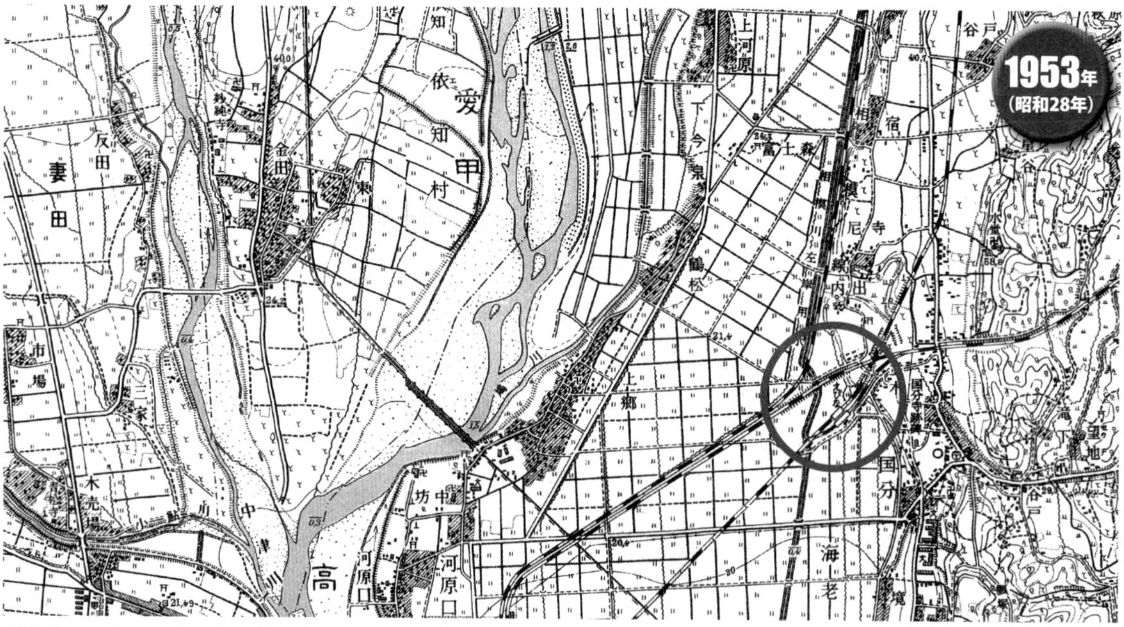

相模線、小田急線、相模鉄道線が集まる海老名駅周辺の地図であるが、国鉄の海老名駅は開業していない。相模線の海老名駅の開業は、1987（昭和62）年３月とかなり遅れている。この当時の海老名駅付近は、相模国分寺跡碑こそ見えるものの集落はほとんどなく、現在の繁栄とはかけ離れていた。駅西側も水田ばかりで、工場なども進出していない。鳩川と相模川が合流する坊中付近に見える「文」マークは、古い歴史のある海老名市立有鹿小学校で、このそばには有鹿神社が鎮座している。

相模線と平行する相鉄貨物線を行くED10が重連で牽引する米軍厚木基地からのタンク車で編成された貨物列車。米軍厚木基地への燃料輸送はタンク車（通称・米タン）で行われたが、1998年９月限りで燃料輸送は終了した。
◎相模国分信号場～厚木　1981（昭和56）年10月　撮影：山田 亮

50年前の海老名。相鉄と小田急の共同使用駅だった海老名駅（画面左後方）の北側には空地が広がり少し離れて相鉄貨物線と国鉄相模線が通り、駅設置の要望は強かったがなかなか実現しなかった。相鉄ED10が牽引する貨物列車が右側に見える。海老名駅北側は現在では小田急海老名車両基地がある。◎海老名　1970（昭和45）年12月　撮影：山田 亮

小田急、相模鉄道に比べると、かなり開業が遅れた相模線の海老名駅。この橋上駅舎は1987（昭和62）年、海老名市が費用を負担する形で開業した。2011（平成23）年に駅舎のリニューアル工事が完成し、2015（平成26）年には、小田急駅と結ばれる連絡通路も整備された。◎海老名　1987（昭和62）年3月21日　撮影：松本正敏（RGG）

【所在地】座間市入谷西5-45-1　【開業】１９３５（昭和10）年6月23日
【キロ程】18・9キロ　【ホーム】1面1線　【乗車人員】１０９１人

入谷（いりや）

座間市における相模線の唯一の駅が、この入谷駅である。入谷駅といえば、東京メトロ日比谷線にも同名の駅が存在するが、もちろんこちらの方が歴史は古い。相模鉄道時代の１９３５（昭和10）年6月の開業で、橋本駅まで延伸した4年後のことである。また、海老名駅とは３・０キロ離れているが、かつては海老名駅との間に上今泉駅が存在した。また、次の相武台下駅との間にも本座間駅が置かれていた。

入谷駅の構造は、単式1面1線の地上駅で、無人駅となっている。駅の所在地は、座間市入谷西5丁目で、以前は入谷２丁目だった。このあたりでは、１８８９（明治22）年に高座郡の座間入谷村、座間村、栗原村などが合併して、座間村が成立している。１９３７（昭和12）年に座間町となり、１９４１（昭和16）年には合併により、一時的に相模原町の一部となっていた。しかし、１９４８（昭和23）年に旧座間町の部分が分立して、高座郡に座間町が復活する。１９７１（昭和46）年に市制を施行して、現在の座間市が成立した。なお、地名の由来は、古東海道にあった宿駅「夷参（いさま）」が転じて、「座間（ざま）」になったとされる。

この駅付近では、小田急小田原線が東側を走っており、やがて北側で東西に分かれる形になる。入谷駅の東側には、小田急の座間駅があり、両駅の間に県立座間高等学校、座間市立入谷小学校が存在している。また、小田急線の東側には座間谷戸山公園が広がり、その先に座間市役所が置かれている。

1935（昭和10）年に開業したこの入谷駅は、砂利の積み出し駅であり、貨物を扱う駅員も配置されていた。一方、単式1面1線のホームには、駅舎は設置されていなかった。ホームには待合室もなく、ベンチに座り、あるいは立って、列車を待つ人の姿がある。
◎入谷　1978（昭和53）年12月　撮影：山田 亮

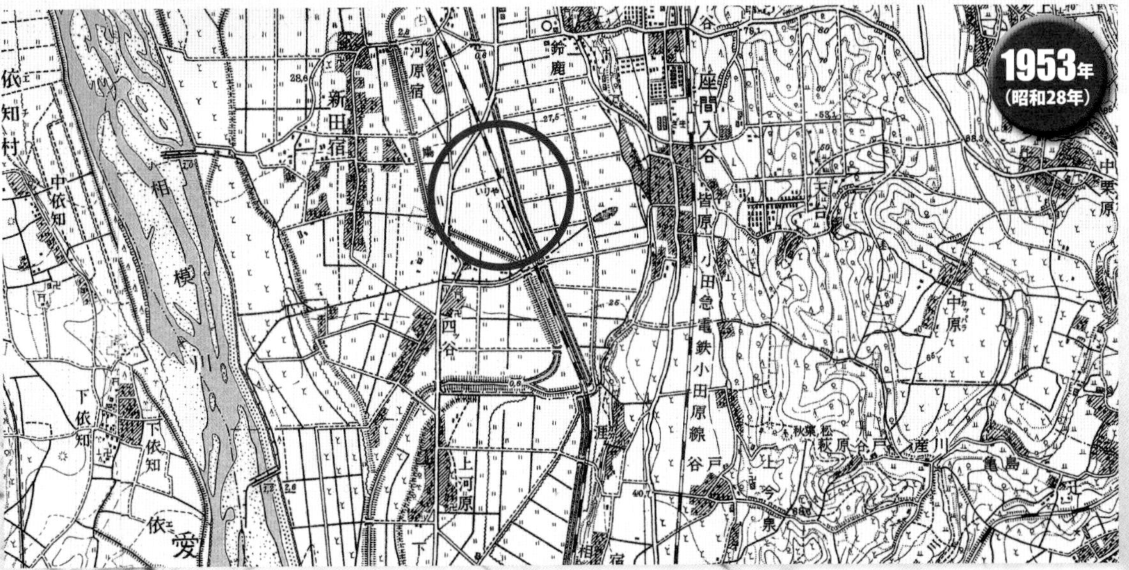

相模線に入谷駅、小田急小田原線に座間駅が置かれている、座間市南西部の地図である。現在は両駅の中間付近に県立座間高等学校が存在するが、この頃はまだ開校していない。この西には大河である相模川が流れており、「河原宿」「上河原」といった「河原」を含んだ地名が見られる。相模川を越えた西側は愛甲郡依知村で、1889（明治22）年に山際村、中依知村、下依知村などが合併して成立している。1955（昭和30）年に厚木市と合併して、依知村は姿を消した。

田んぼの中の無人駅、入谷。ホームは片側１面で現在でも無人駅である。ここは座間市内で小田急線座間駅まで徒歩15 ～ 20分程度だが途中坂道がある。◎入谷　1965（昭和40）年11月
撮影：荒川好夫（RGG）

ホーム１面の無人駅入谷に停車中のキハ30、後方は県道町田厚木線との立体交差橋。入谷駅から小田急座間駅まで徒歩15 ～ 20分程度。◎入谷　1980（昭和55）年12月30日　撮影：森嶋孝司（RGG）

県道の立体交差橋から撮影したキハ35の２両編成。後方の田園地帯には県立座間高校が開設されたが、田園風景は今でもあまり変わっていない。◎入谷〜相武台下　1987（昭和62）年３月21日　撮影：松本正敏（RGG）

入谷を発車するキハ30-キハ30-キハ10の３両編成。朱色とクリーム色の国鉄標準色である。画面の後方の崖は相模原台地の縁(へり)である。のんびりした沿線も70年代後半から宅地化が始まっている。
◎入谷　1978(昭和53)年２月
撮影：山田 亮

新塗装のキハ30と首都圏色キハ35の２両編成。1986年から相模線新塗装が登場し、クリーム色の青帯になり、車内も更新された。
◎海老名～入谷
1987（昭和62）年３月21日
撮影：松本正敏（RGG）

キハ35系３両。このあたりは相模川に
近く平坦地である。
◎厚木〜入谷
1980(昭和55)年10月10日
撮影：安田就視

キハ35系の３両編成。キハ35の前面が強化されている。バックは河岸段丘で相模原台地の縁（へり）である。
◎厚木～入谷
1980（昭和55）年10月10日
撮影：安田就視

相武台下（そうぶだいした）

【所在地】相模原市南区新戸1940　【開業】1931（昭和6）年4月29日（座間新戸→陸士前→相武台下）
【キロ程】20・6キロ　【ホーム】1面2線　【乗車人員】1241人

相模線の入谷駅、小田急の座間駅から両線がそれぞれ進んだ先では、中間あたりにアメリカ軍の座間キャンプ、陸上自衛隊の座間駐屯地が広がる景色が見えてくる。ここには戦前の1937（昭和12）年、東京・市ヶ谷から移転してきた陸軍士官学校があり、昭和天皇が命名した「相武台」という地名が、最寄り駅となる両線の駅の名称に付けられている。

この「相武台」は、陸軍士官学校の別称でもあった。

現在の相武台下駅は、1931（昭和6）年4月に座間新戸駅として開業している。このときには陸軍士官学校は置かれておらず、1938（昭和13）年9月に陸士前駅に改称した。さらに1940（昭和15）年に相武台下駅に改称し、その後、80年以上にわたりこの駅名が使用されている。駅の所在地は相模原市南区新戸だが、北東の座間キャンプ、座間駐屯地側に「相武台」の地名が広がっており、相模原市と座間市の双方に「相武台」の住居表示が存在する。また、小田急の相武台前駅は、1927（昭和2）年4月に開業した座間駅が、1937（昭和12）年6月に士官学校前駅となり、1941（昭和16）年1月に現在の駅名である「相武台前」に変わっている。

一方、相武台下駅の西側、相模川の河川敷にある新戸スポーツ広場は、市民らが草野球などのスポーツを楽しむ場だが、毎年5月のゴールデンウイークには、相模の大凧まつりの開催場所にもなってきた。この相模の大凧は、江戸末期の天保年間から受け継がれてきた相模原市の伝統行事であり、相模川の河川敷（新戸会場）で行われる一大イベントは、新戸大凧保存会のメンバーが地域住民とともに、それぞれ工夫を凝らした伝統の大凧を披露する場となっている。なお、戦前の相武台下～下磯部停留場が置かれていた。

相武台下駅の西には、相模川の流れがあり、採石場なども置かれている。一方、反対側にはアメリカ軍の座間キャンプが広がっている。駅の東に見える座間神社は、日本武尊を祭神としているが、疫病を鎮めた御神水伝説が神社の起源といわれており、現在も湧水が「幸福の水」といわれている。また、「相模の飯綱さま」とも称されており、飯綱権現が祭神ともされている。この当時、座間町の役場は地図の右下に付近に置かれていたが、現在の市役所は小田急線の座間駅の北東、座間谷戸山公園付近に置かれている。

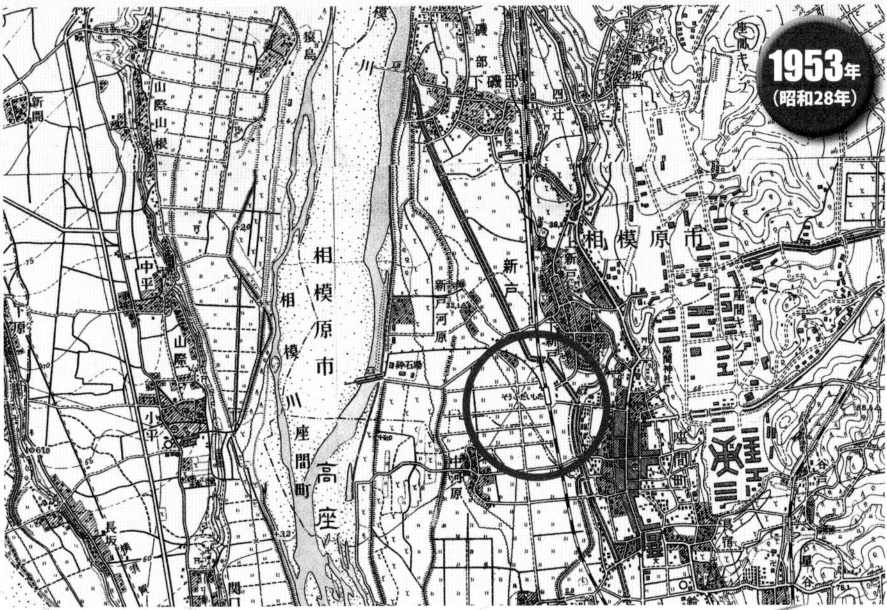

木造駅舎の相武台下駅。1937年に旧陸軍士官学校（陸士）が東京市ヶ谷から移転したことに伴い、1938年に座間新戸から陸士前に改称、1940年に防諜上の理由で相武台下に改称。戦後は陸士が米軍に接収され米軍基地（キャンプ座間）となった。構内が広いのは軍事輸送と相模川の砂利輸送の名残。左側に神奈川中央交通バスが見える。
◎相武台下　1968（昭和43）年3月17日　撮影：荻原二郎

国鉄標準色のキハ30を先頭にした３両編成。画面後方に相武台下駅があり腕木式信号機が見える。
◎相武台下～下溝
1980（昭和55）年８月
撮影：安田就視

相模線新塗装になったキハ30の２両編成。電化を控え架線が張られている。
◎相武台下～入谷
1991（平成３）年１月18日
撮影：森嶋孝司（RGG）

相武台下での交換風景。駅の裏側は田園が広がり相模川まで続いていた。貨物輸送があり、貨物側線があった。
◎相武台下　1968（昭和43）年３月17日　撮影：荻原二郎

相武台下での交換風景。左が上り茅ヶ崎行で手前からキハ30-キハ30-キハ10、右が首都圏色になったキハ10。相武台前は周囲が田園地帯で相模川の河原も近く、かつては砂利輸送の引込線があった。
◎相武台下　1978（昭和53）年２月　撮影：山田 亮

相武台下を発車するキハ10単行（１両）、この駅構内で映画「喜劇各駅停車」（1965年、東宝、主演森繁久彌、三木のり平、森光子）のロケが行われ、その準備中である。
◎相武台下　1965（昭和40）年５月　撮影：荒川好夫（RGG）

下溝（しもみぞ）

【所在地】相模原市南区下溝1364　【開業】1931（昭和6）年4月29日
【キロ程】23・5キロ　【ホーム】1面1線　【乗車人員】1133人

相模線は相模原市南区を北に向かって進んでゆく。次の下溝駅は南区下溝に置かれている。駅の開業は相模鉄道時代の1931（昭和6）年4月で、1944（昭和19）年6月の国有化で相模線の駅となった。相武台下駅との距離は2・9キロで、かつては中間に上磯部駅が置かれていた。

下溝駅の構造は、単式ホーム1面1線の地上駅となっている。長く木造駅舎が使用されていたが、2016（平成28）年8月に改築され、新しい駅舎がお目見えした。現在は無人駅となっている。下溝駅は相模川が湾曲するあたりのすぐ東側に置かれており、駅の南側では新磯橋が架かる鳩川分水路が相模川に注いでいる。また、駅の東には下溝八幡宮が鎮座しており、付近には相模ケ丘病院、峰山霊園、勝坂歴史公園などが存在する。この勝坂歴史公園は縄文時代中期の大集落跡で、国の史跡に指定されている。1926（大正15）年、考古学者の大山柏がここで発掘した縄文土器は、独特の装飾などがあることから「勝坂式土器」と呼ばれるようになり、縄文時代中期を示す基準作となっている。

大相撲五月場所とともに、相模の大凧の開催を告知するポスターが貼られている下溝駅の駅舎。相模の大凧（まつり）は毎年5月、相武台下駅などを最寄り駅として相模川新磯地区の河川敷で開催されていた。この駅舎は2016（平成28）年にリニューアルされて、車椅子用のスロープなどが付けられた。◎下溝　1986（昭和61）年4月29　撮影：松本正敏（RGG）

かつての相模川には現在のような堰はなく、相模ダムや城山ダムもなかったことから水量も多く、水運が盛んだった。鎌倉の寺院の建設や小田原城の築城の際には、津久井方面から材木を切り出して、平塚まで舟や筏で運んでいた。川が湾曲するこの下溝付近でも、川幅はかなり広かったことがわかる。その後は現在の横浜線や相模線が開通したことで、鉄道輸送に変わった。この地図では、下溝駅の北東、大下付近に下溝八幡宮が見える。南西には、1951（昭和26）年に開校した相陽中学校の「文」マークが見える。

相模原台地「下段」から「中段」への緩い勾配を登るC11 325（茅ヶ崎機関区）が牽引する下り貨物列車。
◎下溝〜原当麻　1964（昭和39）年1月12日　撮影：村多 正

相模原台地「中段」から「下段」へと緩やかな勾配を下るキハ20とキハ10の２両編成。
◎原当麻～下溝　1964(昭和39)年１月12日　撮影：村多 正

原当麻（はらたいま）

【所在地】相模原市南区当麻1288-1
【キロ程】24・8キロ　【ホーム】1面2線
【開業】1931（昭和6）年4月29日
【乗車人員】5176人

次の原当麻駅は、相模原市南区当麻に置かれている。この駅とお隣の下溝駅付近にはかつて麻溝村が存在していた。麻溝村の名称は「下溝」と「当麻」という地名を合わせたもので、1889（明治22）年に2つの村（下溝、当麻）が合併して成立したものである。1941（昭和16）年に麻溝村は、座間町、新磯村などと合併して、相模原町の一部となっている。

原当麻駅は、相模鉄道時代の1931（昭和6）年4月に開業している。1944（昭和19）年6月に相模鉄道が国有化されたことで、相模線の駅となった。駅の構造は島式ホーム1面2線の地上駅で、橋上駅舎を有している。かつては地上駅舎だったが、1991（平成3）年に橋上駅舎に改築された。

「当麻」という地名、駅名は、駅の西にある一遍上人ゆかりの名刹、当麻山無量光寺に由来している。無量光寺は、時宗を開いた一遍が1261（弘長元）年に草庵を結んだことが起源といわれ、1303（嘉元元）年に弟子の他阿真教が念仏道場を開いた。無量光寺は時宗教団の聖地となり、その後は鎌倉幕府、後北条氏などの庇護を受けた。江戸時代には浄土宗の寓宗となったが、明治以後も時宗に残った。時宗の中ではこの寺の法流は「当麻流」と呼ばれている。境内の建物は1893（明治26）年の大火で焼失し、本堂などは再建されていない。本堂跡地には一遍銅像が建ち、脇に仮本堂が建っている。

現在のようなモダンな橋上駅舎に改築される前の原当麻駅の木造地上駅舎である。この駅は1931（昭和６）年に開業し、1991（平成３）年に橋上駅舎に変わった。現在は北側に駅前ロータリー、バス乗り場が整備されて、神奈川中央交通東の路線バスが発着している。◎原当麻　1986（昭和61）年４月29　撮影：松本正敏（RGG）

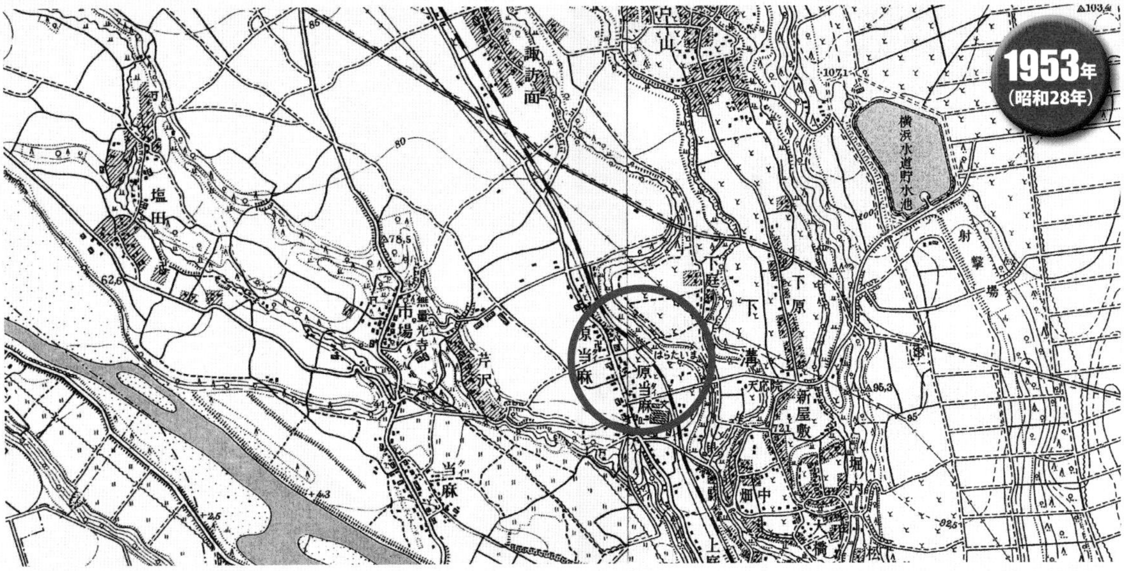

この原当麻駅の東側には、横浜水道貯水池が広がっている。ここは現在、相模原沈殿池として使用されており、北側に相模原浄水場が存在している。この付近には、神奈川県内水面種苗生産施設（アユ種苗生産施設）がある。また、この頃にはすぐ南に射撃場があったが、このあたりは後に整備されて、現在は相模原公園、相模原麻溝公園となっている。また、1990（平成２）年に女子美術大学の相模原キャンパスが誕生し、2001（平成13）年には女子美アートミュージアムも開館している。

相模線新塗装のキハ30同士の交換風景。
◎原当麻　1988（昭和63）年９月27日
撮影：荻原二郎

1965年頃から毎年７、８月の日曜に八王子から茅ヶ崎まで運転された海水浴客輸送の臨時快速列車「しらほ」。キハ30-キハ20-キハ20の３両編成でヘッドマーク付き。交通公社時刻表では1971年夏までの運転が確認できる。原当麻駅周辺には桑畑があり、宅地化以前ののどかな風景が広がる。
◎原当麻　1967（昭和42）年７月23日
撮影：荻原二郎

はらたいま
原当麻
HARATAIMA
(神奈川県相模原市)
ばんだ
BANDA
しもみぞ
SHIMOMIZO

原当麻で交換するキハ30。原当麻は現在では橋上駅となっている。P95下の「しらほ」の写真と比べると駅周辺の桑畑が宅地化されている。80年代に入り、京王相模原線の橋本延長が具体化すると、接続する相模線北部の宅地化が促進された。
◎原当麻　1987(昭和62)年3月21日　撮影：松本正敏(RGG)

番田（ばんだ）

【所在地】相模原市中央区上溝378　【開業】1931（昭和6）年4月29日（上溝→番田）
【キロ程】26・9キロ　【ホーム】1面2線　【乗車人員】3643人

この番田駅は、1931（昭和6）年4月の相模鉄道時代に開業しているが、そのときは上溝駅（初代）を名乗っていた。その後、国有化されて相模線に変わる際に、隣駅の本上溝（開業時は相模横山）駅が上溝駅（二代目）となり、この駅が「番田」に改称した。駅の所在地は相模原市中央区上溝で、「番田」は駅付近にある地名（小字）である。

現在の番田駅の構造は、島式ホーム1面2線の地上駅である。かつては古い木造駅舎が存在していたが、2018（平成30）年5月にリニューアルされて、現在の駅舎が竣工した。駅舎とホームの間は跨線橋で結ばれている。この番田駅を最寄り駅とするのが、駅の南側にある県立上溝南高等学校である。この高校も相模線の沿線にある他校と同様、1976（昭和51）年に開校した比較的歴史の新しい学校である。なお、この地域の古い歴史のある高校としては、1922（大正11）年に神奈川県立養蚕学校として開校した、県立相原高等学校（相模原市緑区）や、上溝駅のページで紹介する県立上溝高等学校などがある。このほか、番田駅周辺には、「上溝南」を校名にもつ小学校と中学校も存在する。

また、駅から少し離れた東には、水と緑が豊かな道保川公園がある。ここは、相模川の支流である道保川の水源と横山丘陵を利用した自然公園で、野鳥の観察スポットにもなっている。園内には、野鳥観察ゾーンのほか、山野草観察ゾーン、森林生態観察ゾーン、水生動植物観察ゾーンという合計4つの観察場所があり、生きた環境学習、野外教育の場として市民らが利用している。

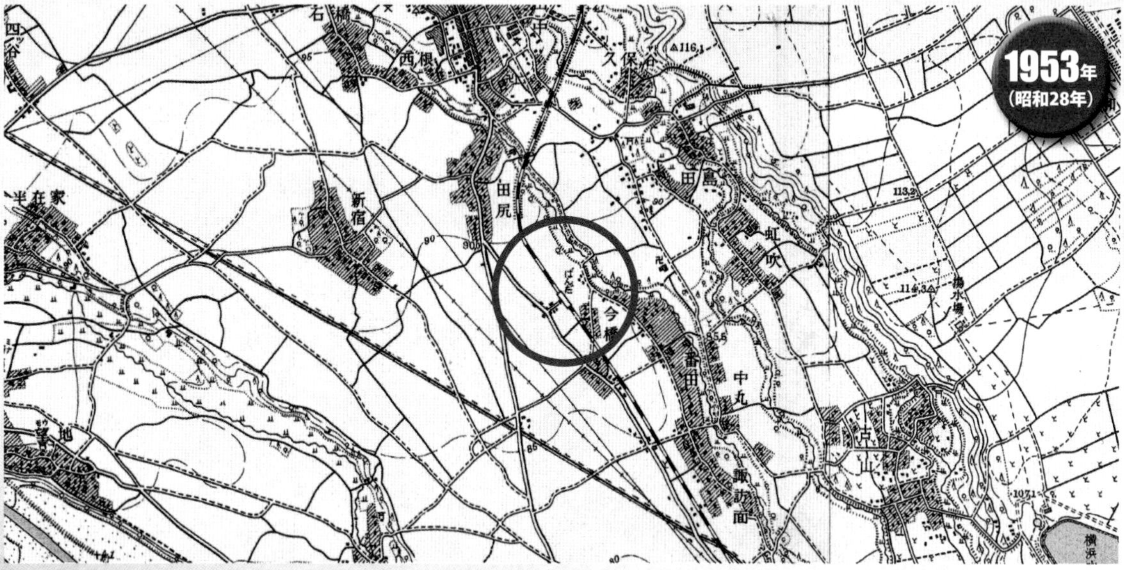

この番田駅とお隣の上溝駅付近は現在、国道をはじめとする多くの道路が集まる場所となっており、この当時も既に数本の道路は見ることができる。そのうち、駅の南から分かれて新宿を経由する道路はその後、国道129号（上溝バイパス）として整備されている。番田駅の東側の集落では、駅名の由来となった「番田」のほか、「今橋」「中丸」といった地名（字名）を見ることができる。地図の右下には横浜水道貯水池がある。

旧相模鉄道以来の番田駅舎とキハ20。腕木式信号機は進行表示である。相模線はキハ17系のキハ10が中心でキハ20は少なかったが、車体幅が広く座席も急行形と同じで好評だった。
◎番田　1964（昭和39）年1月12日　撮影：村多 正

はんだ

番田を発車するキハ20-キハ10の橋本行き。駅周辺は家が少なく「原っぱ」である。当時の相模原は原っぱと雑木林が続き「さがみっぱら」といわれた。◎番田　1964（昭和39）年１月12日　撮影：村多 正

桑畑の多い番田付近を行くキハ20とキハ10の２両編成。◎番田　1964（昭和39）年１月12日　撮影：村多 正

キハ30とキハ10の２両編成。雑木林が切り開かれ宅地造成が進んでいる。70年代後半になると、相模原市内各所で宅地造成が進み、「相模原の原風景」は次第に姿を消した。◎番田　1975（昭和50）年　撮影：村多 正

交換駅の番田にキハ20の下り橋本行きが到着。◎番田　1964（昭和39）年1月12日　撮影：村多 正

橋本～原当麻間の区間運転は単行（1両）でキハ20またはキハ10だった。このあたりは原野（原っぱ）で当時の相模原市内は小田急沿線を除いておおよそこのような景色が続いていた。◎番田～原当麻　1964（昭和39）年1月12日　撮影：村多 正

番田駅の腕木式信号機。駅周辺は広々としている。◎番田　1975（昭和50）年　撮影：村多 正

番田駅の信号扱所。「てこ」を動かしてポイントを切り替えていた。◎番田　1975(昭和50)年　撮影：村多 正

上溝（かみみぞ）

【所在地】相模原市中央区上溝7-19-13
【開業】1931（昭和6）年4月29日（相模横山→本上溝→上溝）
【キロ程】28・4キロ（茅ケ崎起点）　【ホーム】1面1線　【乗車人員】6341人

上溝駅は1931（昭和6）年4月の相模鉄道の全通時に開業しているが、その前史というべき時代から触れておかねばならない。1926（大正15）年8月に設立された相模電気鉄道は、東京・恵比寿と神奈川県中央部を結ぶ鉄道路線を計画し、1927（昭和2）年6月には淵野辺～上溝～田名村間の路線の工事を着工していた。その中で、現在の上溝駅付近では、地上を走る予定の相模電気鉄道線の上を相模鉄道線が通る形になり、築堤上に相模鉄道の駅が建設される予定だった。しかし、相模電気鉄道は資金上の行き詰まりから計画を断念し、最終的には1938（昭和13）年に破産した。そうした中で、相模鉄道はここに相模横山駅を開設した。駅名は1935（昭和10）年11月に「本上溝」と変わり、1944（昭和19）年の国有化時に現在の駅名（上溝、二代目）となった。初代の上溝駅はこのとき、番田駅になっている。戦前には、上溝駅と南橋本駅の間に作ノ口停留場が置かれていた。

現在の上溝駅の構造は、単式ホーム1面1線の高架駅となっている。2001（平成13）年4月、駅が高架化されて、駅前広場、バスターミナル（東口側）も整備された。北側の高架下には、県道57号相模原大倉町線が通っている。駅の南北には、「上溝」を校名とする小学校と中学校が存在する。北側の上溝中学校と隣接する形で横山公園があり、1994（平成6）年に開館した、光と緑の美術館がある。この美術館は、イタリアの20世紀美術を中心に収集、展示している私立美術館である。また、駅の西には、県立上溝高等学校がある。この高校は1911（明治44）年に開校した学校組合立鳩川農業学校をルーツとしており、鳩川実業学校、鳩川高等女学校などを経て、1950（昭和25）年に男女共学の県立上溝高等学校となっている。

上溝駅は2001（平成13）年に高架化されて、駅前広場、バスターミナルも整備された。これは改築される前、木造駅舎だった時代の姿である。バスターミナルが誕生したことで、駅の利用者もこの頃から毎年、増加している。
◎上溝　1986（昭和61）年４月29日　撮影：松本正敏（RGG）

上溝駅南側の築堤を行くキハ20、キハ10の２両編成。キハ10は車体幅が狭く、座席もビニール張り、ひじ掛け無しの貧弱な車内だったが、キハ20は車体幅が広く、急行用車両（キハ55、58）と同様の座席で居住性がよかった。
◎上溝～番田　1964（昭和39）年１月12日　撮影：村多 正

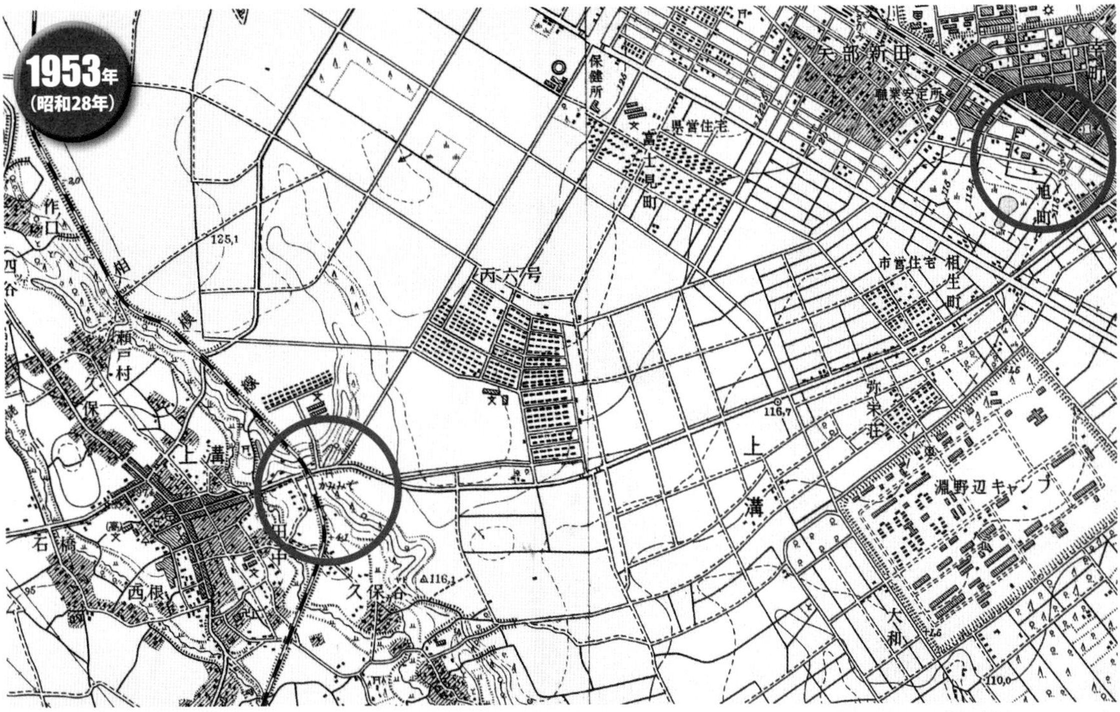

地図の西側を相模線が走っており、大きくカーブする部分に上溝駅が置かれている。駅の西側に見える「文（高）」のマークは、県立上溝高等学校である。一方、東側には淵野辺キャンプが広がっている。ここには戦前、陸軍機甲整備学校があったが、1945（昭和20）年にアメリカ軍が接収してキャンプ淵野辺となった。ここは1974（昭和49）年に全面返還されて、跡地には国立映画アーカイブ（東京国立近代美術館フィルムセンター相模分館）、宇宙航空研究開発機構（JAXA）、相模原市立博物館、淵野辺公園などが誕生している。

上溝駅南側の築堤を上るC11牽引の貨物列車。築堤を行く列車からは上溝の市街地が見下ろせる。上溝は古くからの宿場町で商業地だったが今では発展から取り残されている感がある。
◎番田～上溝
1964(昭和39)年1月12日
撮影：村多 正

相模原台地「中段」に位置する上溝からの築堤を下るキハ20、キハ10の2両編成。
◎上溝～番田
1964(昭和39)年1月12日
撮影：村多 正

南橋本（みなみはしもと）

【所在地】相模原市中央区南橋本2-4-17
【開業】1932（昭和7）年11月1日（大河原→相模町→南橋本）
【キロ程】31・3キロ　【ホーム】1面2線　【乗車人員】5595人

上溝駅を出た相模線は、北西に進んだ後、真っすぐに北に進んでゆく。その直線区間に置かれているのが南橋本駅である。この南橋本駅は、1932（昭和7）年11月、相模鉄道の大河原停留場として開業し、1940（昭和15）年に相模町停留場に改称、翌年に駅に昇格して相模町駅となった。1944（昭和19）年6月、国有化の際に現在の駅名である「南橋本」に改称している。駅の所在地は相模原市中央区南橋本2丁目である。

現在の駅の構造は、島式ホーム1面2線を有する地上駅で、橋上駅舎が存在する。東西自由通路を持つ橋上駅舎は、2006（平成18）年10月に竣工している。南橋本駅の東側には駅前ロータリーがあり、スーパー三和南橋本店が店舗を構えている。駅の北東には国道16号、国道129号、県道63号相模原大磯線などが交わる橋本五差路が存在する。この交差点付近には相模原市立旭中学校、橋本小学校、橋本自動車学校が置かれている。この南橋本駅は、JR横浜線の橋本駅、相模原駅とはほぼ同じ距離がある。

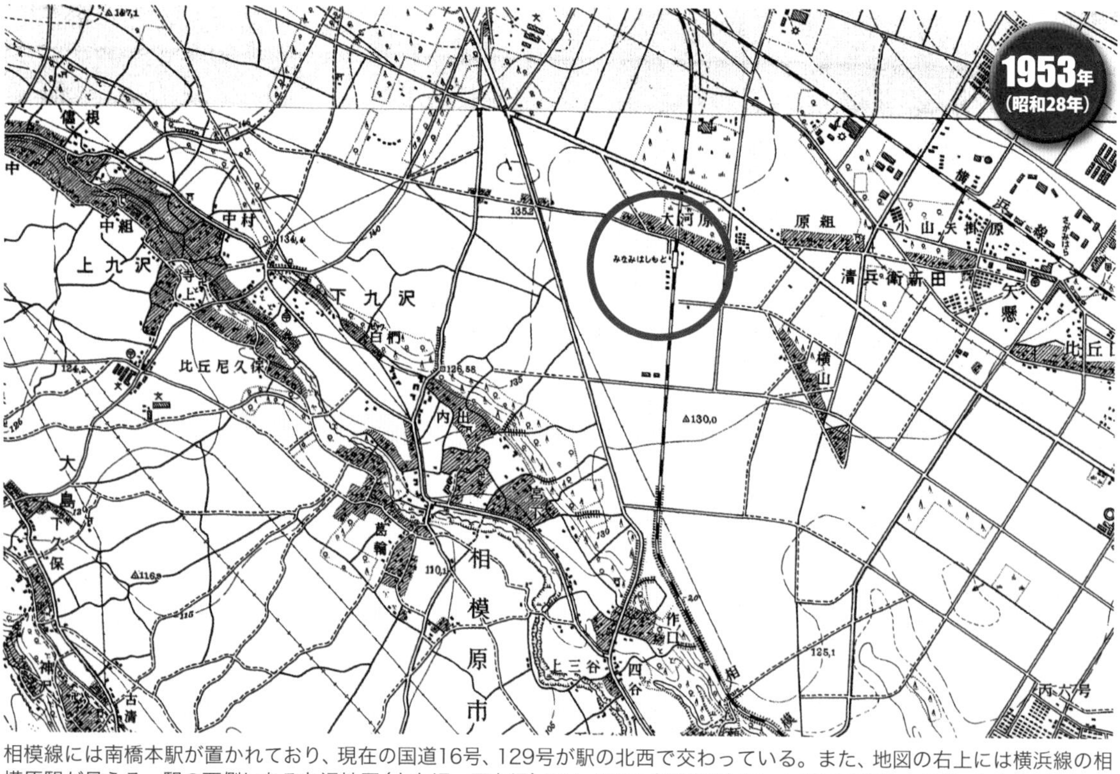

相模線には南橋本駅が置かれており、現在の国道16号、129号が駅の北西で交わっている。また、地図の右上には横浜線の相模原駅が見える。駅の西側にある九沢地区（上九沢・下九沢）には、1889（明治22）年に大沢村が誕生する前、上九沢村と下九沢村があった。ここには現在、相模原北公園が置かれており、梅宗寺や八坂神社などを訪ねる史跡めぐりの拠点になっている。地図の中央下の地名「作ノ口」には現在、作の口小学校が開校している。

現在のような橋上駅舎になる前の南橋本駅は、橋本駅寄りに西側に平屋建ての駅舎が存在していた。1980（昭和55）年には1日1000人ほどだった乗車人員は、2000（平成12）年には5,000人を越え、近隣にマンションも増加したため、新しい駅舎が必要になってきた。◎南橋本　1967（昭和42）年７月23日　撮影：荻原二郎

地上駅舎時代の南橋本駅の駅前風景で、祝日の撮影なのか国旗（日の丸）が飾られている。この頃は駅舎とホームの間は跨線橋で結ばれていた。橋上駅舎となる改築工事は2005（平成17）年に開始され、翌年（2006）年に完成した。
◎南橋本　1986（昭和61）年４月29　撮影：松本正敏（RGG）

朝の南橋本での交換風景。単線でタブレット閉塞のため、タブレットを持った助役がホームを走っている。左はラッシュ時４両編成の橋本行き、右は３両編成の茅ヶ崎行き。◎南橋本　1966（昭和41）年７月15日　撮影：村多 正

南橋本を発車した上り茅ヶ崎行き。南橋本には三菱セメントの工場と引込線があり、セメント輸送も行われていたが、1996年３月に廃止された。
◎南橋本　1966（昭和41）年７月15日
撮影：村多 正

南橋本に停車している相模線色のキハ35。キハ35の晩年は相模線の他、久留里線や加古川線などで使用された。
◎1980（昭和55）年９月27日　撮影：荻原二郎

キハ20を連結した列車同士の交換風景。ここには工業団地があり、工場が多い。画面後方（橋本方）に国道16号の乗り越し橋がある。◎南橋本　1966（昭和41）年７月15日　撮影：村多 正

橋本（はしもと）

【所在地】相模原市緑区橋本6-1-25
【開業】1908（明治41）年9月23日
【キロ程】33・3キロ　【ホーム】3面5線
【乗車人員】6万5328人

橋本駅のルーツとなるのは、横浜鉄道が1908（明治41）年9月に東神奈川～八王子間を開通した際に開業した駅である。その後、1931（昭和6）年4月、今度は相模鉄道が厚木～橋本間を開通し、連絡駅となった。この2つの路線は戦前に国有化されており、長く国鉄（現・JR）線の接続駅だった。1990（平成2）年3月、今度は京王相模原線が南大沢駅から延伸してきたことで、JR・私鉄3線が連絡するターミナル駅となっている。JR橋本駅の所在地は相模原市緑区橋本6丁目で、京王駅の所在地は同2丁目である。JR線のホームは1階、京王線のホームは3階にあり、2階にあるJR駅の橋上駅舎から京王駅へ乗り換えが可能である。JR駅の構造は単式と島式を合わせた3面5線のホームをもつ地上駅で、橋上駅舎がある。一方、京王駅は島式ホーム1面2線をもつ高架駅である。

駅の表玄関は、JR駅が置かれている北口である。駅前にはバス乗り場があるロータリーが整備されており、広場を取り囲むようにミ

ウィ橋本、イオン橋本店などが建っている。北西には地上33階、地下1階の高層マンションである、ザ・ハシモトタワーが建っている。また、駅から少し離れた北側の八王子市内には多摩美術大学、東京造形大学のキャンパスが存在する。八王子市鑓水にある多摩美術大学の八王子キャンパスは、１９６９（昭和44）年に本館、学生寮が誕生した。東京造形大学は１９６６（昭和41）年に八王子市元八王子町で開学し、１９９３（平成５）年に同宇津貫町の現キャンパスに移転してきた。

橋本駅の西には、相模原市の緑区役所が置かれている。１９５４（昭和29）年に誕生した相模原市は当初、約８万人の人口でスタート。しかし、人口は増え続けて、１９７１（昭和46）年には30万人を超えた。２００３（平成15）には中核都市になり、２００６（平成18）年には津久井町、相模湖町、２００７（平成19）年には城山町、藤野町を編入。人口は７０万人を超えたことで、２０１０（平成２２）年に政令指定都市に移行して、緑区、中央区、南区が誕生した。緑区役所の北西には、神奈川県立橋本高等学校が存在する。この橋本高校は１９７８（昭和53）年に開校しており、歌人の俵万智が国語教員を務めていたことがある。

朝ラッシュ時の橋本駅。左３番線が相模線、右２番線が横浜線八王子行き。横浜線には戦前形の３ドア車、クモハ60、クハ55が連結されている。当時の横浜線は３ドアのクモハ60、クハ55と４ドアの72系が混用されていた。
◎橋本　1962（昭和37）年３月
撮影：吉村光夫

橋本を発車するキハ30とキハ20、2両編成の茅ヶ崎行き。画面右（駅の南側）には「日本で一番駅に近い高校」といわれた県立相原高校のグランドが広がっていたが、リニア橋本駅建設のため移転した。
◎橋本　1966（昭和41）7月15日　撮影：村多 正

橋上化工事中の橋本駅に停まるキハ30-キハ30-キハ10の３両編成。画面左側では京王相模原線が工事中。
◎橋本　1979（昭和54）年４月　撮影：山田虎雄

1980（昭和55）年３月に現在の橋上駅舎に変わる前、地上駅舎時代の橋本駅である。改札口の横には駅前売店（キオスク）があり、電話ボックスとポスト、バス停の看板が見える。人々のファッションを含めて、昭和らしい風景である。
◎橋本駅　1980年代　撮影：荒川好夫（RGG）

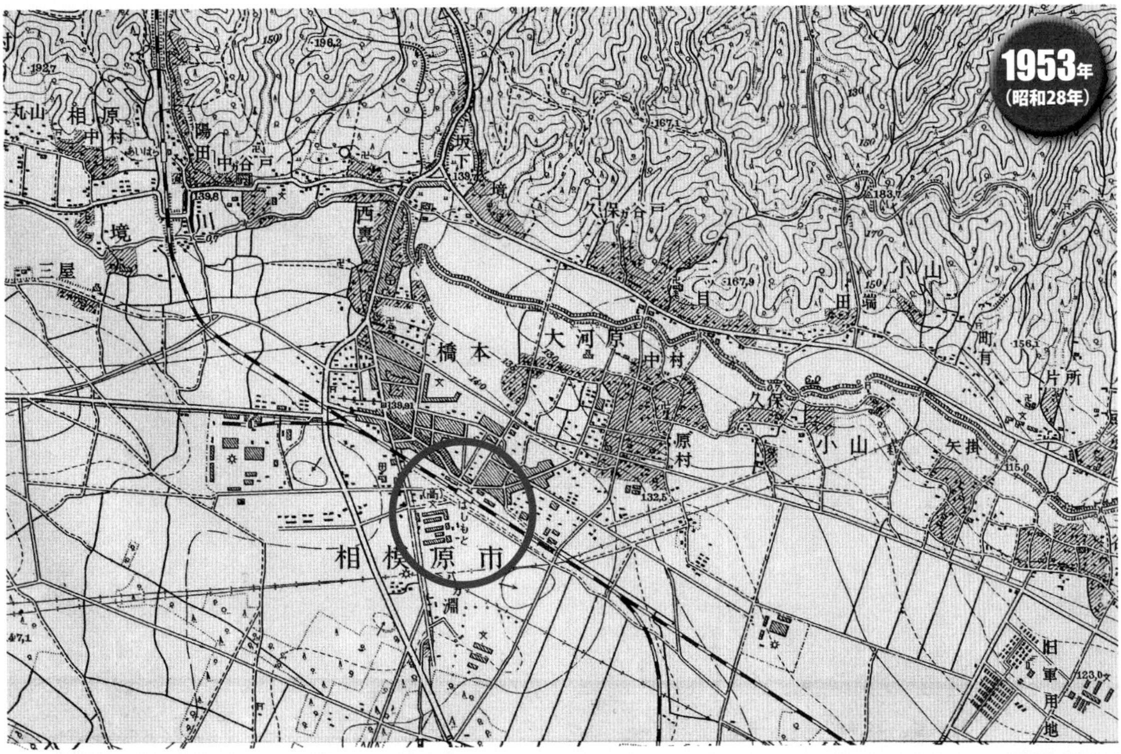

相模線と横浜線が分岐する橋本駅付近の地図である。まだ京王相模原線は開通していない。橋本駅に隣接して国鉄橋本工場が置かれており、この工場と大和製罐東京工場に向かう専用線も存在した。駅のすぐ南にある「文（高）」マークは県立相原高等学校で、現在は西側の橋本台４丁目に移転している。その後、駅の北東には県立橋本高校が開校している。この時期、橋本の市街地はほとんどが横浜線の北側に広がっていた。地図の右下（南東）には旧軍用地が残っている。

橋本駅3番線の相模線キハ20。2番線には横浜線八王子行きが停車中。当時の横浜線は単線でデイタイム25分間隔だった。
◎橋本　1960（昭和35）年7月15日　撮影：村多 正

相模線新塗装のキハ30形３両編成。後方には京王相模原線の高架橋が建設中。
◎橋本　1988（昭和63）年９月27日　撮影：荻原二郎

1965(昭和40)年頃から70年代初めまで毎年７～８月の日曜日に八王子～茅ケ崎間に運転された海水浴臨時快速列車「しらほ」号。キハ20の２両編成。快速といっても小駅に停まらないだけで、所要時間は普通列車とあまり変わらなかった。「交通公社時刻表」には掲載されていなかったが1971(昭和46)年の夏まで運転が確認できる。
◎八王子　1966(昭和41)年８月　撮影：上原庸行

橋上駅となった橋本駅で、横浜線103系と並ぶ新塗装キハ35。横浜線は前面に「横浜線」の表示板が付いているが、これは根岸線内での誤乗防止のため。
◎橋本　1988(昭和63)年９月27日
撮影：荻原二郎

試運転の205系500番台と並ぶ相模線塗装のキハ30。後方の高架線は1990年３月30日に南大沢～橋本間が開通した京王相模原線。相模線電化開業は1991年３月16日である。
◎橋本　1991（平成３）年１月18日
撮影：森嶋孝司（RGG）

相模線と横浜線が分岐する付近を行く相模線新塗装のキハ30の２両編成。画面右に横浜線の電留線があり205系が停まっている。橋本駅のすぐ裏に「日本で一番駅に近い高校」といわれた県立相原高校があったが、リニア橋本駅建設のため移転した。
◎橋本～南橋本
1991（平成３）年１月18日
撮影：森嶋孝司（RGG）

厚木駅

海老名駅

入谷駅

相武台下駅

下溝駅
JR
下溝駅

原当麻駅

番田駅
JR番田駅

上溝駅

南橋本駅

橋本駅
AEON

最近の相模線全駅の駅舎

私鉄だった旧相模鉄道(現・相模線)は、現在も全線が単線であり、長い間、古い木造駅舎が残されていた。現在も、北茅ケ崎駅や宮山駅では昭和初期から続く小さな駅舎を見ることができる。また、倉見駅や社家駅は開業当時からコンクリート造りの瀟洒な駅舎を有しており、現在もその姿は変わらない。一方で、起終点駅である茅ヶ崎駅や橋本駅は多くの利用者が使用することで、巨大な橋上駅舎に変わっている。同様に連絡駅の海老名駅にも新しい橋上駅舎が誕生している。

茅ケ崎駅

北茅ケ崎駅

香川駅

寒川駅

宮山駅

倉見駅

門沢橋駅

社家駅

【著者プロフィール】

山田 亮（やまだ あきら）

1953（昭和28）年生まれ、慶應義塾大学鉄道研究会ＯＢ、慶應鉄研三田会会員、元地方公務員、鉄道研究家として鉄道と社会とのかかわりに強い関心を持つ。

昭和56年、「日中鉄道友好訪中団」（竹島紀元団長）に参加し北京および中国東北地方（旧満州）を訪問、平成13年、三岐鉄道（三重県）創立70周年記念コンクール訪問記部門で最優秀賞を受賞（この作品は月刊鉄道ジャーナルに掲載）、現在は月刊鉄道ピクトリアル（電気車研究会）などに鉄道史や列車運転史の研究成果を発表。著書に『相模鉄道、街と駅の一世紀』（2014、彩流社）、『上野発の夜行列車・名列車、駅と列車のものがたり』（2015、JTBパブリッシング）、『ＪＲ中央線・青梅線・五日市線各駅停車』（2016、洋泉社）、『南武線、鶴見線、青梅線、五日市線。1950 ～ 80年代の記録』（2017、アルファベータブックス）、長距離鈍行列車、想い出の客車急行（2020 ～ 2021フォト・パブリッシング）がある。

生田 誠（いくた まこと）

1957年、京都市東山区生まれ。実家は三代続いた京料理店。副業として切手商を営んでいた父の影響を受け、小さい頃より切手、切符、展覧会チケットなどの収集を行う。京都市立堀川高校を卒業して上京し、東京大学文学部美術史専修課程で西洋美術史を学んだ。産経新聞文化部記者を早期退職し、現在は絵葉書・地域史研究家として執筆活動などを行っている。著書は「ロスト・モダン・トウキョウ」（集英社）、「モダンガール大図鑑　大正・昭和のおしゃれ女子」（河出書房新社）、「2005日本絵葉書カタログ」（里文出版）、「日本の美術絵はがき　1900-1935」（淡交社）、「東京古地図散歩【山手線】」（フォト・パブリッシング）ほか多数。

【写真撮影】

江本廣一、上原庸行、荻原二郎、荻原俊夫、竹中泰彦、村多 正
安田就視、山田 亮、山田進、山田虎雄、吉村光夫
（RGG）荒川好夫、大道政之、松本正敏、森嶋孝司

【地図】

建設省地理調査所発行「1/25000地形図」

【絵葉書提供】

生田 誠

懐かしい原当麻の駅舎。当の字が當で表記されていた。
◎1967（昭和42）年７月23日　撮影：荻原二郎

想《おも》い出《で》の国鉄《こくてつ》・JRアルバム 第一巻《だいいっかん》
非電化時代《ひでんかじだい》の相模線各駅停車《さがみせんかくえきていしゃ》

発行日……………………2021年6月28日　第1刷　　※定価はカバーに表示してあります。

著者………………………山田 亮、生田 誠
発行人……………………高山和彦
発行所……………………株式会社フォト・パブリッシング
〒161-0032　東京都新宿区中落合2-12-26
TEL.03-6914-0121 FAX.03-5955-8101
発売元……………………株式会社メディアパル（共同出版者・流通責任者）
〒162-8710　東京都新宿区東五軒町6-24
TEL.03-5261-1171 FAX.03-3235-4645
デザイン・DTP ………柏倉栄治（装丁・本文とも）
印刷所……………………株式会社シナノパブリッシングプレス

ISBN978-4-8021-3267-1 C0026

本書の内容についてのお問い合わせは、上記の発行元（フォト・パブリッシング）編集部宛てのＥメール（henshuubu@photo-pub.co.jp）または郵送・ファックスによる書面にてお願いいたします。